Paul Donders

Kreative Lebensplanung

Entdecke deine Berufung
Entwickle dein Potential – beruflich und privat

Paul Ch. Donders

kreative Lebensplanung

Entdecke deine Berufung
Entwickle dein Potential
– beruflich und privat

Schulte & Gerth

Best.-Nr. 815 512
ISBN 3-89437-512-4
1. Auflage 1997
2. Auflage 1998
Umschlaggestaltung: Hanni Plato
Umschlagfoto: IFA-Bilderteam
Satz: Die Feder GmbH, Wetzlar
Druck und Verarbeitung: Ebner Ulm
Printed in Germany

*Für Dr. Henry Donders, meinen Vater,
der das Beste aus seinem langen und erfüllten Leben machte
und den Mut besaß, mit 67 Jahren
noch einmal ein (sehr guter) Vater zu werden.*

Danke

*An erster Stelle gilt mein Dank meiner Frau Sylvia,
die schon seit 23 Jahren das Abenteuer Leben
mit mir teilt und bis heute mein stärkster Mentor ist.
Dann auch meinen Kindern Jeroen, Vivian und Robin,
die ich maßlos liebe und die mich jeden Tag
von neuem lehren zu leben.
Desweiteren zwei besonderen und sehr begabten Frauen,
Michaela Kast und Anne Burdenski,
die gemeinsam mit mir über die letzten Jahre
hinweg den „Der Künstler in dir"-Prozeß
innerhalb des Power Management Teams erarbeitet
und dieses Buch durch ihre Korrekturen, Ergänzungen,
Entwicklung der Arbeitsblätter und beständigen Austausch
ermöglicht haben.*

Inhalt

Einleitung

Elvira war zehn Jahre alt, als ich sie vor fünf Jahren in Albanien kennenlernte. Sie war barfuß, zog einen Esel hinter sich her und war total begeistert, zum ersten Mal in ihrem Leben einen Ausländer zu sehen.

Heute ist sie fünfzehn, und relativ regelmäßig höre ich von ihr und ihrer Familie. Mit fünfzehn und vier weiteren Geschwistern ist ihre Chance, sich im Leben weiterzuentwickeln, sehr gering. Die Familie kann es sich nicht erlauben, sie auf eine Schule gehen zu lassen. Immerhin hat sie aber an zwei Nachmittagen im Monat Englisch-Unterricht. Den Rest der Zeit muß sie für die Familie sorgen, das Haus in Ordnung halten und einfach nur zur Verfügung stehen.

Ist das unvorstellbar? Nein, das ist es nicht. Viele Millionen Menschen auf dieser Welt haben – ähnlich wie Elvira – nur wenige Chancen, ihr Leben wirklich frei und aktiv zu gestalten. Um so wichtiger ist es, daß wir in Mitteleuropa, die wir so viele Chancen haben, lernen, diese Chancen auch auf eine positive Art und Weise zu nutzen und das Leben kreativ zu gestalten.

Mein Wunsch ist es, daß dieses Buch Menschen motiviert, das Beste aus ihrem Leben zu machen, damit den Millionen und Abermillionen von Elviras geholfen wird – durch Menschen, die ihr Leben nicht einfach nur so vorbeigehen lassen, sondern zum Wohle anderer in die Hand nehmen.

Entdecke deine Berufung

In der heutigen Zeit ist es nicht einfach, in der Fülle der Möglichkeiten unsere wahre Berufung zu entdecken. Es ist natürlich auch eine Frage der Lebenssituation. Es ist ein Unterschied, ob ich siebzehn oder achtzehn oder fünfunddreißig oder fünfzig oder sechzig bin.

Romano Guardini, ein Kulturphilosoph, hat in seinem Buch „Die Lebensalter“ (Matthias-Grünewald-Verlag 1994) sechs

Lebenskrisen beschrieben, durch die wir als Menschen gehen, um von einem Lebensalter in das nächste zu gelangen.

Eine Krise ist vom Grundsatz her eine Chance, eine Gefahr und eine Herausforderung. Die Chance liegt darin, Neues zu entdecken, mündig zu werden, Verantwortung für einen neuen Lebensabschnitt zu übernehmen, charakterlich reifer und „schöner" zu werden. Die Gefahr der Krise liegt darin, daß wir resignieren in der Herausforderung, uns als Opfer zu fühlen, andere für unsere Lebensgestaltung verantwortlich zu machen und letztlich zu Nörglern, Zynikern und somit unmündigen Menschen zu werden.

Die erste Krise, durch die wir als Menschen gehen, ist die Krise der Geburt. Von dem Stadium der völligen Abhängigkeit im Mutterleib zur ersten Loslösung von der Mutter in eine völlig neue Welt ist es der größte Schritt, den wir in unserem ganzen Leben zu bewältigen haben. Die gute Nachricht: Diese Schwelle haben wir schon hinter uns gebracht! Schwieriger kann es nicht werden.

Die zweite Krise findet in der Pubertät statt. Wir müssen das Kindsein ablegen, wir fragen uns: „Wer bin ich?" Wir wollen und müssen uns loslösen von unseren Eltern, ohne die Beziehungen zu verlieren, wir wollen erwachsen und verantwortlich werden, wissen aber noch nicht, wie das funktioniert. Die wichtigste Frage ist hier: „Was ist meine Identität? Was will ich und was kann ich?" Die Herausforderung ist, mündig zu werden.

Die dritte Krise kommt um die Dreißig herum. Nach der Sturm- und Drangzeit, in der ich viel ausprobiert und auch viele verschiedene Aufgaben bewältigt habe, vieles entdeckt und Ideale entwickelt habe, aber auch entdecken mußte, daß die Ideale nicht so leicht zu realisieren sind, kommt dieser Moment, wo wir einsehen, daß wir nicht mehr in alle möglichen Richtungen schießen möchten. Wir wollen jetzt etwas Bleibendes bauen, eine Karriere beginnen, unseren Platz in der Welt finden, eine Familie gründen und wissen, wo das ganze hingeht. Der Mensch spürt jetzt, daß die nächsten fünfzehn bis zwanzig Jahre die „Power-Jahre" des Lebens sind; die Zeit, in der man körperlich und geistig die Kraft hat, das eigene Lebenswerk zu bauen.

Auch hier wird die Berufungsfrage neu gestellt. Sie fragt danach, worauf ich mich konzentrieren will, wie ich das Beste aus den nächsten Jahren heraushole, welches Land erobert werden soll und wie die Realität mit den Idealen in Verbindung zu bringen ist.

Die vierte Lebenskrise, die berühmte „Midlife-Krise", passiert um die Fünfundvierzig herum. Nach dem Gründen und Bauen stoßen wir an Grenzen und merken, daß vor uns eine Zeit liegt, in der wir mit Treue und Loyalität unsere Aufgaben abrunden sollen. Hier kommt die Angst auf, alt zu werden, womöglich auf das Abstellgleis zu geraten. Manch einer verabschiedet sich in dieser Krise von dem, was er bis dahin erreicht hat, und glaubt, wieder neu jung werden zu müssen, aus Angst vor der neuen Herausforderung. Aber jeder Mensch ist dazu geschaffen, weiterzugehen und neue Ebenen der Verantwortung auf sich zu nehmen. Die Berufungsfrage lautet hier: „Was ist mein Platz und meine Verantwortung in unserer Gesellschaft? Wie werde ich mein Lebenswerk jetzt vollenden und mit Kraft und Autorität weiterentwickeln, damit ich vielen Menschen damit diene?"

Bei den alten Griechen durfte man erst mit über fünfzig Jahren in die Politik einsteigen, damit die Gesellschaft sicher sein konnte, daß dieser Mensch seine eigenen Lebenskrisen positiv bewältigt hat, bevor man ihn auf den Rest der Menschheit losläßt.

Die nächste Lebenskrise kommt um die Fünfundsechzig herum. Hier muß ich loslassen und lernen, mein Lebenswerk auf jemand anderen zu übertragen, das Altwerden als Chance entdecken und nicht aus Angst resignieren. Die Berufungsfrage ist hier: „Was ist meine neue Aufgabe, meine neue Berufung, wie kann ich meine Verantwortung ausleben, wie kann ich als Mentor für andere da sein, wie kann ich ein Wächter sein für unsere Gesellschaft, der die Verbindung herstellt zwischen der Ewigkeit und dem Heute, wie kann ich ein Zuhause bauen?"

Die sechste Krise ist das Sterben. Wie die Geburt ist auch dies eine Krise, die absolut sicher geschieht, der wir auf jeden Fall begegnen müssen. Ich nehme in dieser Zeit Abschied von dem, was bisher war, und finde den Einstieg in die Ewigkeit. Spätestens hier wird ganz klar werden, wie ich mein Leben gestaltet habe.

Das Leben entwickelt sich also in verschiedenen Phasen, in denen wir arbeiten, entdecken und erobern. Was mich daran so begeistert, ist die Tatsache, daß wir Menschen die Chance haben, miteinander und mit Gott unser Leben zu gestalten.

Dieses Buch ist eine Hilfe und eine Anleitung dazu, wie man in den unterschiedlichen Phasen und Krisen des Lebens die jeweilige Berufungsfrage beantwortet. Dazu haben wir als Power Management Team in den letzten zehn Jahren einen Prozeß entwickelt, den wir den „Künstler in dir"-Prozeß nennen.

Francis Schaeffer sagt: „Es gibt kein größeres Kunstwerk als das Leben eines Christen. Du magst keine Gabe zum Schreiben, Malen oder Komponieren haben, aber jeder hat die Gabe der Kreativität bezüglich seines eigenen Lebens. In diesem Sinne sind wir alle dazu berufen, ein Künstler zu sein und unser Leben zu gestalten als etwas Wahrhaftiges und Schönes inmitten einer verlorenen Welt."

In diesem Sinne geht es bei unserem Buch also um den Künstler in dir.

Der erste Schritt in diesem Prozeß ist die Frage: Wo komme ich her? Wie verläuft der rote Faden in meinem Leben bis heute?

Der zweite Schritt ist: Was steckt in mir? Was kann ich? Was sind meine Begabungen? Wo liegt mein Potential? Wie kann ich mich noch weiter entwickeln?

Und der dritte Schritt ist dann: Wo gehe ich hin? Aufgrund der ersten beiden Fragen male ich ein Bild über meine Perspektive für die nächsten Jahre und formuliere eine Vision für meinen Beruf, meine Familie, Gemeinde und Freizeit.

Der vierte Schritt: Wie trainiere ich mich selbst? Wie setze ich diese Visionen und Ziele in der Realität um? Wie lerne ich, mein eigener Coach/Trainer zu sein?

Der fünfte Schritt: Wer hilft mir dabei? Hier suchen wir nach Männern und Frauen in unserem Leben, die uns unterstützen und trainieren. Nicht zuletzt haben wir in Gott selbst einen immer zur Verfügung stehenden Mentor, der uns darin begleiten will, unser Leben als Künstler zu gestalten.

Der „Künstler in dir"-Prozeß ist hier auf eine interaktive Art und Weise beschrieben. Jedes Kapitel führt dich durch einen der Schritte aus dem Prozeß und fordert dich heraus, durch eine Vielzahl von Arbeitsblättern deine Lebensperspektive zu finden.

In den Kapiteln, „Wo komme ich her?" und „Was steckt in mir drin?", mußt du Puzzleteile sammeln, die dir Informationen geben über bisherige Geschehnisse und Hinweise auf den roten Faden deines Lebens, deine Stärken und Schwächen und viele andere Punkte. Im vierten Kapitel bringst du all diese Puzzleteile zusammen, um daraus ein Bild zu formen. Hierdurch kannst du deine Berufung der nächsten Lebensphase konkreter entdecken. Im fünften Kapitel erarbeitest du dann dein eigenes Trainingsprogramm für das nächste Jahr. Im sechsten Kapitel entdeckst du, wie du die richtigen Ratgeber findest, die dir helfen, dein Trainingsprogramm umzusetzen.

Ratgeber: Es ist lohnenswert, dieses Buch nicht nur für dich durchzuarbeiten, sondern auch mit jemand Vertrautem darüber zu reflektieren und ergänzende Informationen über dich selbst und deine Pläne zu sammeln. So jemand kann ein Freund sein, dein Ehepartner, Eltern, ein Mentor oder eine andere Vertrauensperson.

Kopieren: Für den eigenen Gebrauch kannst du die Arbeitsblätter und Graphiken gerne kopieren, damit du das Buch mehrmals gebrauchen kannst, denn es lohnt sich, den „Künstler in dir"-Prozeß einmal jährlich weiterzuentwickeln.Trotzdem rate ich dir sehr, auch in diesem Buch zu arbeiten und es zu deinem Buch zu machen. Es ist dazu gedacht, dich auf deiner Entdeckungsreise zu ermutigen und zu begleiten.

Über 2000 Männer und Frauen in Europa haben diesen Prozeß in seinen unterschiedlichen Entwicklungsstufen bereits ausprobiert und in ihrem Leben umgesetzt. Diese Menschen haben alle den Schritt gemacht, das Beste aus ihrem Leben herauszuholen. Schüler, Ärzte, Hausfrauen, Politiker, Geschäftsleute, Studenten, Unternehmensberater, Handwerker, Sportler, Pastoren, Mütter, Väter, unterschiedlichste Menschen, die alle erkannten, daß sie nur ein Leben haben – und eine ungeheure Chance, dieses Leben zu gestalten.

Also: Viel Spaß beim Loslegen.

Kapitel I

Entdecke dein Potential

Drei gute Gründe, dein Leben zu planen

Erster Grund: Gott hat ein sehr großes Interesse an dir. „Ich sitze oder stehe, so weißt du es; du merkst meine Gedanken von ferne. Du beobachtest mich, ob ich gehe oder liege, und bist vertraut mit allen meinen Wegen; ja es ist kein Wort auf meiner Zunge, das du, Herr, nicht völlig wüßtest! Herr, du hast mich erforscht und du kennst mich! Diese Erkenntnis ist mir zu wunderbar, zu hoch, daß ich sie fassen könnte! Wo soll ich hingehen vor deinem Geist, wo soll ich hinfliehen vor deinem Angesicht?" (Psalm 139)

Der Psalmist David hat ganz genau erkannt, daß Gott im Himmel sitzt und ihn beobachtet. Denn wenn Gott wissen will, was David denkt, dann muß er ihn von morgens bis abends beobachten. Dann weiß er ganz genau, was für krumme Gedanken in Davids Kopf sitzen – und auch, was für gute. Dann weiß er genau, was David tut und was er nicht tut. Für David steht fest: Gott beobachtet mich von morgens bis abends: „Big Brother is watching you" ist nichts im Vergleich zu Gott. Die Frage ist nur: Warum macht Gott das?

Die Antwort gibt David gleich selbst ab dem 13. Vers des 139. Psalms: „Denn du hast meine Nieren geschaffen, du wobest mich in meiner Mutter Schoß. Ich danke dir, daß du mich wunderbar gemacht hast; wunderbar sind deine Werke, und meine Seele erkennt das wohl! Mein Gebein war dir nicht verhohlen, da ich im Verborgenen gemacht ward, gewirkt tief unten auf Erden. Deine Augen sahen mich, als ich noch unentwickelt war, und es waren alle Tage in dein Buch geschrieben, die noch werden sollten, als derselben noch keiner war. Und wie teuer sind mir, o Gott, deine Gedanken! Wie groß ihre Summe! Wollte ich sie zählen, so würden ihrer mehr sein als der Sand."

Mit anderen Worten sagt David hier: „Gott hat so unglaublich viele Gedanken über mich, daß ich sie gar nicht zählen kann. Und warum denkt er so viel über mich nach? Weil er mich gemacht hat! Und weil er sagt: David, du bist wunderbar!"

Jetzt muß man sich das folgendermaßen vorstellen: In dem Moment, in dem du entstanden bist, in dem Moment, in dem die Samenzelle deines Vaters mit der Eizelle deiner Mutter verschmolz, in diesem Moment war da noch eine Person dabei, nämlich Gott selbst, und hat mit Spannung beobachtet, was da vor sich geht. Und als Samenzelle und Eizelle zusammenkamen, als du entstandest, da rief er begeistert: „Wow, es ist ein Junge!" oder „Wow, es ist ein Mädchen!" – *Mein* Junge, *mein* Mädchen!

Ab diesem ersten Moment deiner Existenz, von der ersten Sekunde an war Gott begeistert über dich, weil er dich gemacht hat. Und diese Begeisterung hat nie abgenommen. Heute denkt er genausoviel nach über dich wie gestern, weil er begeistert ist über dich, weil er phantastische Dinge in dich hineingelegt hat und weil er motiviert ist, sich mit dir zu beschäftigen, und weil er einen Plan hat für dein Leben.

Die Menge seiner Gedanken, sagt David, die Menge der Gedanken Gottes über mich, das macht mich wertvoll. Meinen Wert brauche ich nicht in meiner Leistung zu suchen, denn wenn ich nicht mehr viel leisten kann, weil ich krank bin oder alt werde, dann würde ich auch meinen Wert verlieren. Das ist ein ganz anfälliges System, unseren Wert in unserer Leistung zu sehen.

„Nein," sagt David, „ich finde meinen Wert darin, daß die intelligenteste, phantastischste, interessanteste und mächtigste Person des Universums über mich nachdenkt, weil sie von mir begeistert ist."

Wenn du so wertvoll bist, dann solltest du dein Leben sicher nicht wegschmeißen oder nur mit Leistung zu füllen versuchen. Dann solltest du es auch nicht verpfuschen, indem du es einfach nur so passieren läßt.

Also: wenn es stimmt, daß du so wertvoll bist, dann lohnt es

Die intelligenteste Person des Universums ist begeistert über mich und schätzt folgendes an mir:

sich, das Beste aus deinem Leben zu machen! Dann lohnt es sich, mit einer großen Neugierde zu entdecken, was in dir steckt, dieses Potential zu entwickeln und damit dein Leben zu gestalten.

Darf ich dich einladen, Gottes Begeisterung über dich kennenzulernen?

Oben auf dieser Seite findest du ein Bild. In dieses Bild kannst du jetzt aufschreiben, worüber du bei dir selbst begeistert bist. Vielleicht fällt dir das gar nicht so leicht, weil du noch nicht so oft darüber nachgedacht hast, was denn so Begeisterndes an dir ist, aber Gott weiß das schon lange! Es ist nicht sein Problem. Es geht darum, daß *du* die richtige Perspektive für dich und dein Leben bekommst.

Eine Möglichkeit, dies zu lernen, ist, dich während der nächsten zwei bis drei Wochen mal jeden Abend hinzusetzen und folgende Frage schriftlich zu beantworten: „Was ist mir heute richtig gut gelungen?“

So wirst du in ein paar Wochen eine ganze Liste von Dingen haben, über die man begeistert sein kann. Noch erfreulicher ist es, einfach einige Freunde zu fragen, was sie an dir begeisternd finden oder was sie besonders an dir schätzen.

Mit Hilfe dieser beiden Übungen müßtest du eigentlich in nullkommanichts eine weitere Seite füllen können mit kleinen und großen Dingen, die begeisternd sind an dir.

Zweiter Grund: Du bist berufen, dein Leben wie ein Künstler zu gestalten! „Kein Kunstwerk ist von größerer Bedeutung als das Leben eines Christen, und jeder Christ ist berufen, in diesem Sinne ein Künstler zu sein. Er mag keine Gaben zum Schreiben, Komponieren oder Singen haben, aber jeder Mensch besitzt die Gabe der Kreativität bezüglich seines eigenen Lebens. In diesem Sinne sollte das Leben jedes Christen ein Kunstwerk sein. Das Christenleben sollte etwas Wahrhaftiges, etwas Schönes sein inmitten einer verlorenen und verzweifelten Welt.“ (Francis Schaeffer, christlicher Kulturphilosoph)

Als Gott den Menschen schuf, war das erste, was er sagte, folgendes: „Gott sprach: wir wollen Menschen machen, uns zum Bild, uns ähnlich.“ Das heißt, der Schöpfer aller Schöpfer, der in seinem Wesen den Drang und die Sehnsucht hat, immer Neues zu machen und zu gestalten, der hat dich nach seinem Bilde gemacht. Das heißt, daß auch du in dir eine tiefe Sehnsucht hast, schöpferisch tätig zu sein, zu gestalten, Dinge zu machen.

Paul Tournier, ein Arzt und Philosoph, sagte einmal: „Ich arbeite, um das von Gott in mich hineingelegte Verlangen nach Abenteuer zu befriedigen.“

Nun, wenn es so ist, daß wir „Schöpfer-Menschen“ sind, dann haben wir auch die Verantwortung, unser Leben tatsächlich zu gestalten. Am besten beschreibt Paulus diese Verantwortung im 3. Kapitel des 1. Briefes an die Korinther. Er sagt dort: „Ein jeglicher sehe zu, wie er darauf baue, denn einen anderen Grund kann niemand legen, außer dem, der gelegt ist, welcher ist Jesus

Christus. Wenn aber jemand auf diesem Grund Gold, Silber, kostbare Steine, Holz, Heu, Stroh baut, so wird eines jeden Werk offenbar werden. Der Tag wird es klar machen, weil es durchs Feuer offenbar wird. Und welche Art eines jeden Werk ist, wird das Feuer erproben."

Das Interessante an dieser Stelle ist die Aussage, daß Gott uns mitverantwortlich macht, wie unser Lebenshaus aussieht. Wir können es uns einfach machen mit Holz, Heu und Stroh, mit dem, was naheliegend ist, mit den Dingen, die wir schon haben, den Möglichkeiten, die wir sehen. Oder wir können alles hingeben und dann das Beste aus dem machen, was Gott *uns* gegeben hat, nämlich Gold, Silber, Edelsteine. Dies sind Dinge, für die man alles hingeben muß. Für mich heißt das: Jeder einzelne Mensch hat eine Selbstverantwortung, sein Leben kreativ zu gestalten.

Der Künstler Michelangelo war einmal dabei, eine riesige Statue zu machen. Er war fast fertig und stand oben auf seiner Leiter und meißelte, während sein Lehrer und Mentor Romano in die Halle hereinkam und ungefähr zehn Minuten einfach dastand, um seinen Lehrling zu beobachten. Dann sagte er: „Michelangelo, komm doch bitte einmal herunter und stelle dich an die Seite."

Da nahm Romano eine Axt von der Werkzeugbank, ging zu dieser großen und fast fertiggestellten Statue und zerschlug sie in tausend kleine Stücke.

Michelangelo bekam große Augen und fragte sich, ob sein Mentor wohl verrückt geworden sei: „Warum hast du das getan?"

Darauf antwortete Romano folgendes: „Michelangelo, Begabung ist billig, Hingabe ist kostbar."

Genau das ist der Punkt, den wir brauchen, um unsere kreative Selbstverantwortung wahrzunehmen: mit Hingabe unser Leben zu bauen, mit Hingabe aus unserer Begabung das Beste zu machen.

Ein tolles Beispiel dafür, wie sich dies in unserem Leben entwickelt, ist folgende Reihenfolge: Wir starten als Lehrlinge. Als Lehrling lernt man das Handwerk, schaut zu, wie andere es machen, man übt, man trainiert, man lernt die sogenannten „Basics", die Basiskenntnisse. Und wenn man nach zwei oder drei

Jahren gelernt hat, das Handwerk zu beherrschen, macht man sein Gesellenstück und wird Geselle. Der Geselle ist schon ein Profi in seinem Bereich. Nun stell dir mal vor, du hättest die Fähigkeit, Leuten Dinge zu verkaufen. Dann beginnst du als Lehrling, die Grundfertigkeiten des Verkaufens zu erlernen. Du hast Vorbilder, du lernst, du übst, und deine Hingabe in diesem Üben entscheidet, ob du weiterkommst, ob du auf die Ebene des Gesellen kommen wirst und ein professioneller Verkäufer wirst. Und wenn du dann einmal Geselle bist, dann geht es weiter. Es gibt die Möglichkeit, sich weiterzubilden, sich selbständig zu machen, wirtschaftliches Denken zu lernen, unternehmerisch tätig zu werden, andere Leute auszubilden, alles innerhalb deiner Begabung, um so weiterzugehen und Meister in deinem Fach zu werden.

Der Meister wird eingesetzt, um andere Menschen auszubilden, damit sie in die gleiche Professionalität hineinwachsen. Aber es geht noch einen Schritt weiter: Der Meister kann noch zum Künstler werden.

Ein Künstler ist einer, der etwas besitzt, was über Begabung und Fleiß weit hinausgeht. Ein Künstler schafft etwas noch nie Dagewesenes, etwas ganz Neues. Er gibt sich seiner Kunst mit aller Kraft hin.

Meine Frau und ich waren vor kurzem in einem Konzert von Georgi Feidman. Georgi Feidman ist ein Klezmer-Musiker. Er spielt ein altes jüdisches Instrument, ähnlich wie eine Klarinette, und wenn jemand diese Kunst wirklich beherrscht, dann beginnt das Instrument zu singen. Die wunderschön gebaute und riesige Opernhalle in Dortmund war ausverkauft. Es war mucksmäuschenstill. Auf der Bühne war ein einziges Spotlight auf einen dort sitzenden Kontrabassisten gerichtet, der einige ganz einfache Takte spielte. Plötzlich hörte man von hinten im Saal ganz leises Klarinettenspiel. Alle drehten sich um und konnten aber nichts sehen, hörten nur, wie sich die Musik im Raum bewegte, denn Georgi Feidman lief, ganz leise spielend durch den Saal, bis er vorne war, auf die Bühne kam und das Konzert förmlich losbrach, losbrauste in einer gewaltigen Explosion von Farben und Klängen.

Auf dem Weg zum Künstler

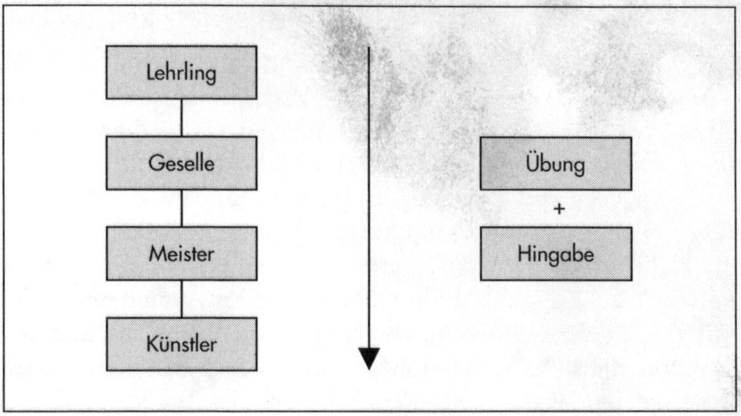

Ich habe selten einen Künstler wie diesen Mann gesehen und erlebt, bei dessen Spiel sich vom ersten Moment an meine Nackenhaare aufstellten. Georgi Feidman war dann auch in der Lage, folgendes zu tun. Er sagte zum Publikum: „Ich spiele euch nun ein wunderschönes Lied von Händel, und ich möchte euch bitten, dieses Lied in euch aufzusaugen und es zu würdigen, weil es so wunderschön ist, und nicht dabei zu denken, was ihr sonst dabei denken würdet."

Im Saal war es ganz still. Alle hörten zu. Und dann begann dieser Künstler die deutsche Nationalhymne zu spielen; auf eine so wunderschöne Art und Weise, daß jeder berührt, aber auch gerührt war.

Was war sein Geheimnis? Das Geheimnis dieses Künstlers war, daß er eine Sehnsucht danach hatte, anderen Menschen mit Würde zu begegnen. Aus dieser tiefen Sehnsucht heraus hat er das so bekannte und abgenutzte Lied so verändert, daß es etwas ganz Neues wurde. Er hat die Menschen verzaubert und berührt. Ein wahrer Künstler!

Ein Künstler zu werden bedeutet nicht unbedingt, ein Schriftsteller oder Musiker zu sein, sondern in der Begabung, die du bekommen hast, zu wachsen und etwas ganz

Eigenes daraus zu schaffen, und zwar vom Lehrling über den Gesellen und Meister zum Künstler. Der Weg dahin geht nur durch Übung und Hingabe.

Dritter Grund: Du lebst in einer der spannendsten Epochen aller Zeiten. „Die meisten von uns sind mit dieser Mentalität aufgewachsen, daß Stabilität die akzeptierte Norm ist. Wir müssen uns aber jetzt an Bedingungen anpassen, die alles andere als stabil erscheinen. Sie werden mit dem Wandel als Norm aufwachsen. Sie müssen deshalb nur mit der variierenden Geschwindigkeit dieses Wandels fertig werden. Wir sind die Generation, die sich damit herumschlägt und sich darauf einstellen muß, daß der Wandel selbst jetzt die Norm ist. Wir schlagen uns herum, weil wir uns in der Illusion von Stabilität festgebissen haben. Wenn vieles, was wir kennen, in Bewegung ist, wird die volle Übernahme von Verantwortung körperlich und geistig notwendig für das Überleben. Wir müssen uns selber um uns

Halbwertzeit des Wissens

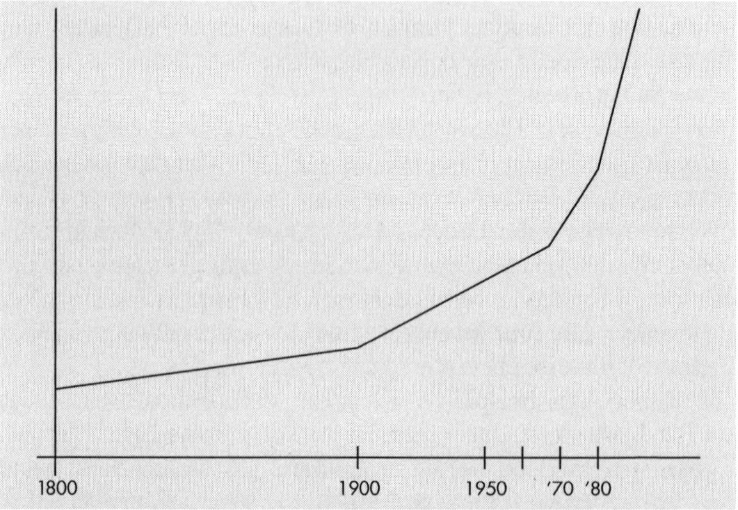

1997: alle *4 Jahre* Verdoppelung des weltweiten Wissens
alle *1½ Jahre* Verdoppelung des weltweiten Wissens in der EDV

kümmern, denn niemand anderer wird dies in einem Klima tun, wo jeder mit Veränderungen zurechtkommen muß." (John Whitmore, „Coaching für die Praxis")

John Whitmore beschreibt hier sehr treffend die Mentalität unserer Zeit und die Herausforderung, die es bedeutet, unser Leben in einer planlosen Gesellschaft aktiv zu gestalten.

Um zu verstehen, wie sich unsere Gesellschaft heute am Ende des zwanzigsten Jahrhunderts entwickelt, muß man sich vor Augen halten, wie sich das weltweite Wissen vermehrt.

Im Jahre 1800 gab es eine bestimmte Menge an weltweit vorhandener Information, die sich im Jahre 1900 verdoppelt hatte. Weitere Verdoppelungen fanden in 1950, 1970 und in 1980 statt. Zur Zeit verdoppelt sich das weltweit vorhandene Wissen ca. alle 4 Jahre. Im EDV-Bereich geschieht dies sogar schon alle 1,5 Jahre. Das hat enorme Folgen für unser Leben, unsere berufliche und private Entwicklung.

Ist es nicht unglaublich, daß ein Mensch im Mittelalter in seinem ganzen Leben nur so viel Information erfahren und verarbeitet hat, wie man heute in einer einzigen Ausgabe einer Tageszeitung wie z. B. der FAZ findet?

Ein weiterer Vergleich: Ein Mensch des Mittelalters begegnete während seines ganzen Lebens nur so vielen neuen Menschen, wie der heutige Mensch in Europa innerhalb von einer Woche. Das macht deutlich, welche Menge an Information wir heute zu verarbeiten haben.

Wer heute sein Physikstudium abschließt, muß während der darauffolgenden Jahre jährlich ca. 600 000 wichtige Veröffentlichungen und Bücher lesen, um „up to date" zu bleiben (aus: „Wissenswege unter Druck", Der Spiegel, 14/93). Das kann er natürlich nicht schaffen, und so wird er – relativ gesehen – „immer dümmer"! Um das zu vermeiden, muß er sich spezialisieren, aber gleichzeitig alle fünf Jahre völlig umdenken, weil seine spezialisierte Sichtweise ebenfalls schon wieder veraltet ist.

Das bedeutet beispielsweise auch, daß jemand, der heute dreißig Jahre alt ist, damit rechnen muß, in seinem Leben drei bis sieben verschiedene Berufe auszuüben. Ich meine damit nicht drei bis sieben verschiedene Stellen, sondern verschiedene *Berufe*! Das wird notwendig sein, um bis zu seinem siebzigsten Geburtstag immer einen Job zu haben. Denn eben weil die Entwicklung heute auf allen Gebieten so schnell geht, werden immer schneller auch bestimmte Berufe überflüssig werden; dafür entstehen neue Berufsfelder, die dann wieder ausgefüllt werden müssen. Das ist eine Herausforderung, und das ist spannend – spannend und bedrohlich zugleich.

Bill Gates, Chef und Präsident der Firma Microsoft, sagte 1996 in einem Interview auf die Frage, wovor er am meisten Angst hat, sinngemäß folgendes: „Ich habe nur vor einer einzigen Sache Angst, und das ist, daß mein Unternehmen zu langsam wird. Wir können es uns nicht erlauben, ein halbes Jahr zu bleiben, wo wir sind, oder uns zu langsam zu entwickeln, denn das kann entscheidend dafür sein, ob wir überleben oder nicht."

Im gleichen Jahr meinte der bekannte Management-Trainer und Autor Tom Petersen, daß es nur noch zwei Sorten von Managern geben wird, und das sind entweder die schnellen oder die toten Manager. Auch hier merken wir wieder: Wir leben in einer spannenden und gleichzeitig bedrohlichen Zeit und müssen mitten in dieser Zeit unser Leben planen und gestalten.

Die Lebensbereiche

Bis heute hat man das Leben hauptsächlich in drei Bereichen gesehen, die Richard N. Bolles in seinem Buch „The Three Boxes of Life" beschreibt. Er stellt dort fest, daß der Mensch dazu neigt, das Leben folgendermaßen zu gestalten: In der ersten „Box" oder deutsch: im ersten Kästchen des Lebens befindet sich die Zeit des Lernens, im zweiten die Zeit des Arbeitens und im dritten die Zeit des Spielens.

Man kann sich das wie eine Art Zug vorstellen, der aus drei großen Waggons besteht. Bis vor ca. zehn Jahren war es noch üblich, das Leben auf diese Art und Weise zu gestalten. Man stieg zunächst in den ersten Waggon des Lernens ein. Hier bewegte man sich zwanzig bis dreißig Jahre lang in Schulen und Universitäten, um dann in den Waggon mit der Zeit des Arbeitens umzusteigen. Auch hier verbrachte man wieder einige Jahre, um dann im letzten Waggon des Lebenszuges endlich nur noch spielen zu dürfen.

Ein wichtiger Gedanke bei dieser Lebensplanung in drei Stufen war, daß unserem Gefühl nach immer irgend jemand anderes für uns verantwortlich war. Zumindest war der Staat dafür verantwortlich, daß es ein Schul- und Ausbildungssystem gab und daß es möglichst auch von ihm finanziert wird. Und die Lehrer und Eltern waren dafür verantwortlich, daß ich gut lerne. Wieder andere Leute waren dafür verantwortlich, dafür zu sorgen, daß ich später verschiedene Möglichkeiten habe, optimal ausgebildet zu werden. Danach – im Waggon des Arbeitens – erwartete ich, daß der Staat, die Unternehmen oder Berater oder sonst jemand dafür sorgen, daß ich möglichst mit Freude und Erfüllung den richtigen Job finden, um bis zu meinem Renten- oder Pensionsalter unter guten Bedingungen arbeiten zu können. Danach stieg man in den letzten Waggon, in dem man den Eindruck hatte, daß jetzt die eigene Rente von den jungen und noch arbeitenden Menschen gezahlt werden müßte, so wie man selbst es davor für die Rentner getan hatte. „Jetzt ist der Staat für mich verantwortlich, wenn ich krank werde, jetzt ist alles um mich herum so organisiert, daß ich gut versorgt bin."

Das Problem bei dieser Art der Lebensgestaltung ist, daß man nicht gut vorbereitet wird auf die Übergänge zwischen den Waggons. Viele haben zunächst gelernt oder studiert, um dann beim Berufseinstieg erst einmal auf den Hintern zu fallen. Sie waren einfach nicht darauf vorbereitet, was es heißt, in der Arbeitswelt zu stehen, zu kämpfen, zu überleben, vorwärts zu kommen. Viele haben es dann einfach nicht geschafft, den Umstieg vom Arbeiten zum „Spielen" ohne Stolpern zu vollziehen; wieder weil sie nicht darauf vorbereitet waren, was es bedeutet, plötzlich Freizeit in Hülle und Fülle zu haben und diese sinnvoll zu gestalten. Sie waren und sind auch heute häufig noch nicht darauf vorbereitet, Beziehungen aufzubauen und zu pflegen und zu genießen.

Nun, diese Art von Lebensgestaltung mag es früher getan haben, aber sie funktioniert im Jahre 1997 absolut nicht mehr. Warum nicht?

„Alte" und „neue" Lebensplanung

Andere sind für mich verantwortlich.

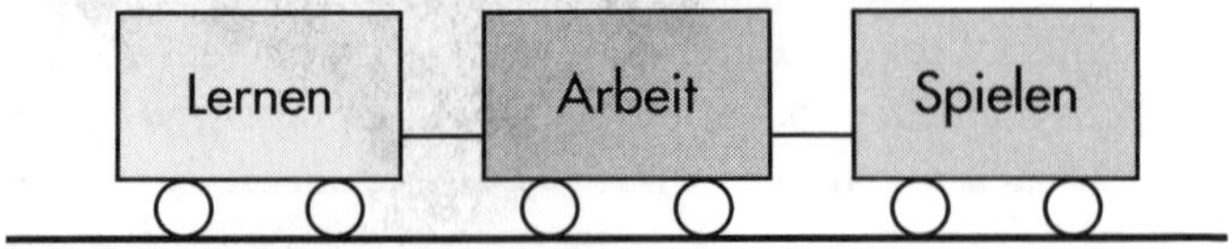

Ich bin selbst und allein kreativ verantwortlich

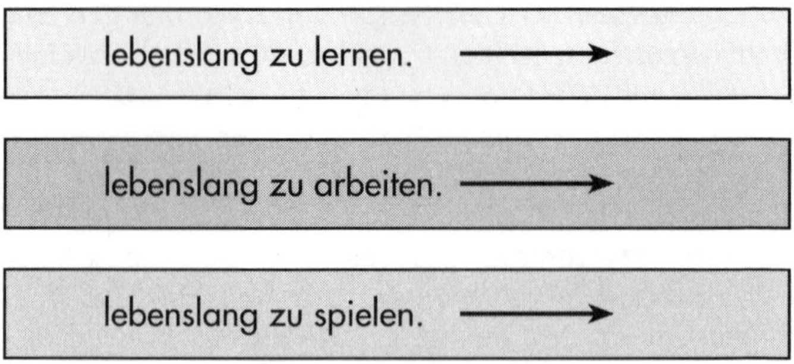

Selbst Verantwortung übernehmen

Die drei Bereiche – Lernen, Arbeiten und Spielen – sind sicherlich auch heute noch vorhanden, aber sie erstrecken sich nun über das gesamte Leben. Jeder Mitarbeiter der Zukunft wird danach gemessen werden, wie gut er ein eigenes Programm des „lebenslangen Lernens" entwickelt und durchführt. Das heißt, daß wir uns unser Leben lang weiterentwickeln müssen, denn wer einen Beruf gelernt hat, muß damit rechnen, daß er nach fünf Jahren eine völlige Überholung, also eine völlige Überarbeitung und Weiterentwicklung seines Wissens, anstreben muß, um den heutigen Anforderungen überhaupt gerecht werden zu können.

Also: der Mensch muß sein Leben lang lernen und für sich selbst einen Plan entwickeln, wann und wie er das machen will.

Zweitens muß ein Mensch vorraussichtlich in Zukunft sein Leben lang arbeiten; möglichst über das Rentenalter hinaus. Andererseits ist es natürlich so, daß man sein Leben lang immer wieder „Spielzeiten" hat, also Freizeit, Urlaub und Entspannung. Aber auch hier wird einem niemand sagen, wann man spielen und sich regenerieren soll und wann nicht. Es wird Zeiten geben, wo man sich gezwungenermaßen regenerieren und spielen kann (zum Beispiel nach Krankheiten), und es wird Zeiten geben, wo man „Spielstunden" einbauen muß, um nicht erschlagen zu werden von der Geschwindigkeit unserer Gesellschaft.

Der Unterschied zwischen dieser und der vorher geschilderten Lebensgestaltung ist, daß für die neue Gestaltungsweise des Lebens niemand außer mir selbst verantwortlich ist.

Das ist wieder gleichzeitig bedrohend und spannend. Es ist eine Herausforderung und ein Vorrecht.

Es ist eine Herausforderung, ein Leben lang zu lernen und immer auf dem neuesten Stand zu bleiben. Gleichzeitig ist es auch ein Vorrecht, bis ins hohe Alter hinein Neues dazulernen zu können, fit zu bleiben, damit das Leben rund bleibt und Spaß macht und wir etwas bedeuten für die Menschen um uns herum. Es ist eine Herausforderung, unser gesamtes Leben lang zu arbeiten, zum Teil auch schon während der Zeit des Lernens und Studierens. Aber es ist auch ein Vorrecht, schöpferisch tätig sein zu dürfen. Es ist eine Herausforderung, selbst planen zu müssen, wann man sich regeneriert und Auszeiten nimmt, aber es ist auch ein Vorrecht, das eigenverantwortlich zu entscheiden.

Also: die Art, wie wir in unserer Zeit unser Leben gestalten, ist eine Herausforderung und ein Vorrecht zugleich. Um dies noch einmal zu verdeutlichen, ist folgendes Zitat interessant:

„Die Egokultur unserer Zeit: das Individuum avanciert zum Akteur, Konstrukteur, Jongleur und Inszenator seiner Biographie", so der Münchener Soziologe Ulrich Beck. „Bastel-

Biographie“ heißt diese standardlose Art der Lebensplanung im Soziologen-Deutsch. Eine Bastelanleitung freilich fehlt leider.

Und genau das ist der Punkt: Früher, als es noch die drei klar umrissenen Waggons im großen Zug der Lebensplanung gab, hatte auch jeder eine deutliche Bastelanleitung für jeden der Bereiche. Heute gibt es diese Bastelanleitung nicht mehr, und niemand kann sagen, wann du deine Zeit mit Arbeiten, Spielen oder Lernen verbringen wirst. Jeder werkelt also an seiner Vita, und kaum einer weiß so recht, wie diese aussehen soll. An die Stelle der standardisierten Lebensziele, die vor hundert Jahren, ja selbst noch zu Zeiten des Wirtschaftswunders, nahezu uneingeschränkt galten, ist ein vorgabenloser Freiraum getreten, den jeder selbst ausfüllen muß.“ („Der Preis der Ich-Sucht“, *Focus*, 6. 12. 93)

Der „Künstler in dir“-Prozeß

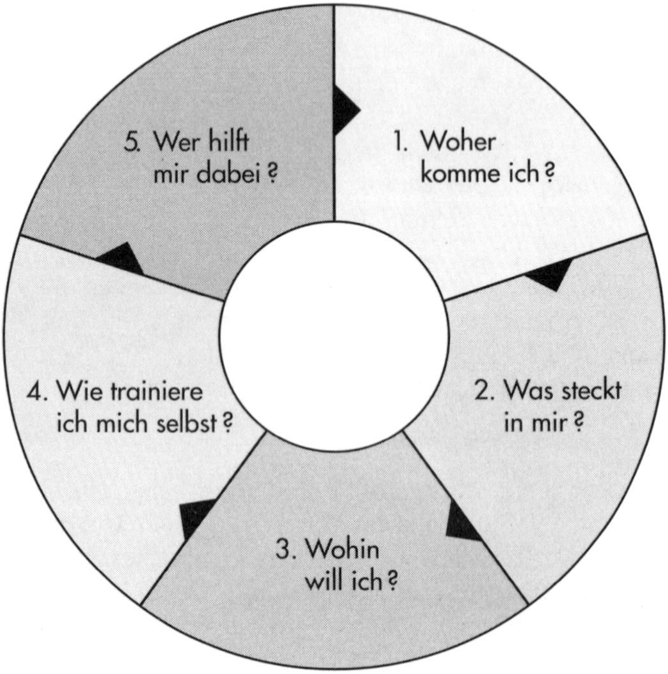

Und genau das ist der Grund, warum wir unser Leben aktiv und kreativ gestalten sollen. Gleichzeitig aber ist das Individuum noch nie so wichtig und gleichzeitig so beliebig gewesen wie heute.

Papst Johannes Paul II, bestürzter irdischer Vertreter eines vermutlich nicht minder bestürzten Gottes, beklagt in seiner neuen Enzyclika den Zeitgeist der ‚trostlosen Ratlosigkeit' eines Menschen, der häufig nicht mehr weiß, wer er ist, woher er kommt und wohin er geht.

Diese drei Fragen sind tatsächlich die, die wir uns stellen müssen, wenn wir unser Leben so sinnvoll wie möglich gestalten wollen.

KAPITEL 2

WO KOMME ICH HER?

Deine Geschichte ordnen

Mein Vater war Augenarzt. Diesen Beruf übte er schon während des zweiten Weltkrieges aus. Er lebte in Holland und verhielt sich dort nicht sonderlich kooperativ gegenüber der deutschen Besatzungsmacht. Daher landete er in einem Konzentrationslager, in dem bekannte Persönlichkeiten gefangen gehalten wurden.

In diesem Lager wurde jedesmal, wenn die niederländische Widerstandsbewegung irgendeinen Sabotageakt vollbracht hatte, als Konsequenz eine der dort festgehaltenen Personen umgebracht. Du kannst dir wahrscheinlich vorstellen, wie mein Vater sich gefühlt hat, als er über ein Jahr lang nicht gewußt hat, ob er die nächste Woche noch erleben wird oder nicht. Dementsprechend wuchsen wir als seine Kinder natürlich mit einem großen Vorurteil gegenüber dem deutschen Volk auf.

Als ich dann mit sechzehn Jahren gläubig wurde und mich entschied, mein Leben in Gottes Hand zu geben, wurde mir bewußt, daß ich eine sehr negative Einstellung gegenüber allem Deutschen hatte. Ich kann mich gut erinnern, daß ich vielen Menschen von dem erzählte, was ich mit Gott erlebt hatte … aber überhaupt keine Lust hatte, irgendwelchen deutschen Personen davon zu erzählen. Und dann wurde mir eines Tages während eines Gespräches mit einem Freund bewußt, daß diese Haltung absolut nicht gerechtfertigt war und auch nicht mit meinen Vorstellungen über ein Leben mit Gott im Einklang stand.

Ich sagte daraufhin zu Gott: „Wenn du es willst, dann gehe ich gerne nach Deutschland, um dort eine Zeitlang zu leben. Allerdings mußt du mich verändern, denn mein Herz ist so geprägt durch meine familiäre Vorgeschichte, daß ich das nicht selbst ändern kann."

Innerhalb der nächsten Wochen erlebte ich eine totale Veränderung in mir und meiner Einstellung und bekam richtig Lust darauf, deutschen Menschen zu dienen. Mit neunzehn Jahren zog ich um nach Deutschland, um dort zu leben und zu arbeiten.

Heute lebe ich seit einundzwanzig Jahren in Deutschland. Viele meiner besten Freunde sind Deutsche, und ich arbeite auch hauptsächlich in Deutschland.

Diese Zeit, in der Gott meine Vergangenheit gemeinsam mit mir bewältigt hat und mich dadurch befähigte, in die Zukunft zu schauen und loszugehen, ist eine ganz besondere Erfahrung für mich gewesen. Damals habe ich gemerkt, daß ich zuerst meine Vergangenheit bewältigen und annehmen muß, wenn ich mein Leben wirklich selbst in die Hand nehmen will.

Ein Freund von mir sagte einmal: „Es braucht eine versöhnte Vergangenheit und eine von Hoffnung geprägte Zukunft als Basis für ein erfülltes Heute."

Das bedeutet, daß nur der das Heute genießen kann, der seine Geschichte versteht, bewältigt, annimmt und umarmt. Er trauert dann nicht beständig über die Vergangenheit oder hascht nach Befriedigung in der Zukunft. Wenn er das tut, kann er nämlich heute nichts geben, sondern bleibt in seinem ego-neurotischen, rückwärtsgewandten Lebenstil verhaftet. So kann er dann auch seine Zukunft nicht planen.

Die Herausforderung ist also, unsere Vergangenheit ernst zu nehmen, daraus zu lernen und sie letztendlich anzunehmen, so wie sie war. Darum steigen wir bei unserem „Künstler in dir-Prozeß" auch ein mit der ersten Frage, die sich der Mensch seit Grundlegung der Welt stellt: „Wo komme ich her?"

Der „Geschichte-Pfeil": Mit Hilfe der folgenden Zeichnung kann man sich das ungefähr so vorstellen: Unser Leben fängt irgendwo an, hat eine Richtung, und irgendwann kommen wir im Heute an. Hinter uns liegen dann jede Menge Erfahrungen – positive und negative Erlebnisse, Ängste, Wünsche, verschiedenste Ereignisse, die unser Leben mitgestaltet haben.

Meine Perspektive meines Lebens

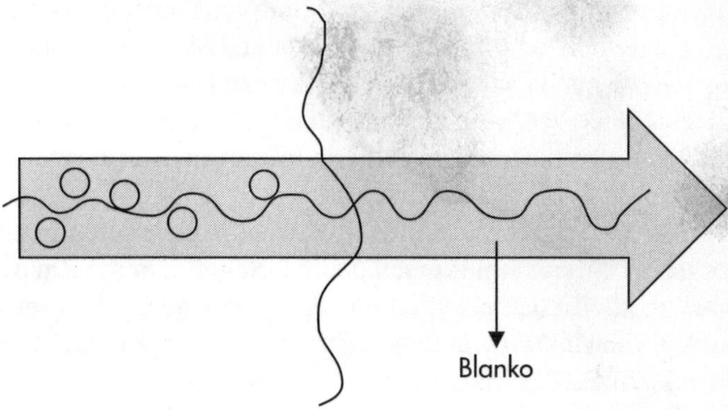

Die reale Perspektive meines Lebens

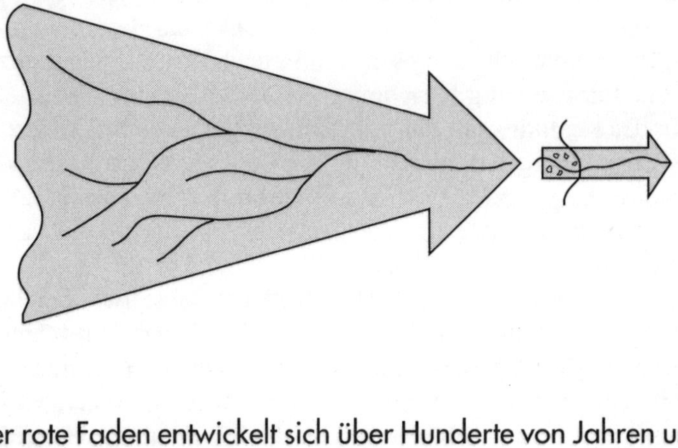

Der rote Faden entwickelt sich über Hunderte von Jahren und mündet in die Entstehung meines Lebens.

Vor uns liegt ein Weg, den wir mit „Blanko“ bezeichnen können, denn er ist noch völlig offen. Jeder Tag ist erst einmal leer und neu und will von uns gestaltet werden. Die Herausforderung liegt nun darin, mit Hilfe des schon gewesenen Teils meines Lebens den dort vorhandenen roten Faden zu entdecken. Wenn wir diesen roten Faden in der Vergangenheit mit Hilfe der Frage „Wo komme ich her?“ entdecken, gibt mir dies eine Grundlage, um diesen roten Faden in die Zukunft hinein weiterzuspinnen.

Darum betrachten wir deine Geschichte in unserem „Künstler in dir-Prozeß“ von fünf verschiedenen Seiten. Dies tun wir mit dem Ziel, soviel wie möglich aus der Vergangenheit zu lernen, damit du die Zukunft mit mehr Zuversicht und mit mehr Spaß planen kannst.

Die fünf Bereiche, die du hier erarbeiten kannst, sind:

1. Dein familiäres Erbe
2. Das Reden Gottes
3. Deine Lebenskurve
4. Dein Ausbildungsweg
5. Lebenshindernisse.

1. Das familiäre Erbe

Wenn wir noch einmal das vorhergegangene Bild betrachten, so entspricht dies unserer normalen Betrachtungsweise. Wir glauben, daß unser Leben damit beginnt, daß wir geboren werden, und daß eigentlich an diesem Punkt auch erst die ganze Weltgeschichte so richtig losgeht.

In der Realität sieht das natürlich anders aus. Man kann sich das folgendermaßen vorstellen: Der Bereich, den wir schon erlebt und gelebt haben, ist eigentlich verschwindend klein im Vergleich zu dem, was innerhalb unserer Familie vor uns schon alles gewesen ist.

Leider haben wir in unserer westlichen Gesellschaft häufig den Bezug zu unserer familiären Vergangenheit größtenteils verloren. Ich las letztens ein Buch, in dem von einer Familie erzählt wird, die schon vor Christus als jüdische Schreiber bekannt waren. Sie schrieben die Geschichte ihres Volkes auf Papyrus-Rollen. Innerhalb dieser Familie gab es die Begabung, das „Pfund“ des Schreibens. Dieses „Pfund“ wurde von Generation zu Generation weitergegeben bis ins Mittelalter.

In dieser Zeit lebte ein Nachfahre dieser Familie, der mit dem Begründer der Buchdruckkunst, Johannes Gutenberg, zusammenarbeitete. Dieser Nachfahre verwandte sein gesamtes Leben darauf, die Zusammenhänge der Buchdruckkunst zu verstehen. Sein Leben war dazu gedacht, das zu tun, und mit seinem Wissen hat er seinem Sohn weitergeholfen, der wieder ein ganzes Leben darauf verwandte, die erste Buchdruckmaschine mitzubauen um dann am Ende seines Lebens wiederum seinem Sohn all sein Wissen mitzugeben. Und dieser Sohn druckte dann irgendwo in Norditalien die erste Ausgabe des Buches Jesaja. Bis heute ist diese Familie eine Familie von Schreibern und Schriftstellern.

Unglaublich, daß ein Talent über zwei- oder zweieinhalbtausend Jahre hinweg weitergegeben werden kann und sich dabei auch noch immer weiter entwickelt. Unglaublich auch, daß wir selbst oft fast überhaupt keinen Bezug zu unserem familiären Erbe haben und glauben, daß das Leben erst mit unserer Geburt so richtig losgeht.

Ich möchte dir Mut machen, einmal einige Recherchen einzuleiten, um einen neuen Blick für die Begabungen, die Möglichkeiten, die Chancen deiner Familie zu entwickeln.

> Leider sind wir hier im Westen eher dahingehend geprägt, die Probleme mit der negativen Seite unseres Familienerbes zu sehen. So kennen wir uns in diesem Bereich auch meist besser aus. Das sollte uns aber nicht daran hindern, das Blatt einmal umzudrehen und nachzuschauen, welches *positive* Erbe in unserer Familiengeschichte verborgen liegt.

Die nun folgenden Arbeitsblätter sind ein erster Schritt in diese Richtung:

Du siehst hier eine Übersicht über deinen Vater, deine Mutter und deine Großeltern. Jedes der vorliegenden Kästchen ist in der Mitte geteilt. In die obere Hälfte solltest du nun die jeweils positiven Fähigkeiten aufschreiben, die diese Familienmitglieder deines Wissens gekennzeichnet haben. Solltest du damit

Familiäres Erbe

Großvater *väterlicherseits*	***Großmutter*** *väterlicherseits*
Fähigkeiten	*Fähigkeiten*
Persönlichkeitsmerkmale	*Persönlichkeitsmerkmale*

Vater
Fähigkeiten
Persönlichkeitsmerkmale

Familiäres Erbe

Großvater *mütterlicherseits*	***Großmutter*** *mütterlicherseits*
Fähigkeiten	*Fähigkeiten*
Persönlichkeitsmerkmale	*Persönlichkeitsmerkmale*

Mutter
Fähigkeiten
Persönlichkeitsmerkmale

Familiäres Erbe

Wiedererkannte Fähigkeiten

Wiedererkannte Persönlichkeitsmerkmale

Schwierigkeiten haben, dann frage dich einfach, wofür sie jeweils bekannt waren oder welche Leidenschaften sie gehabt haben, welche Berufe sie ausgeübt haben und welche Fähigkeiten man dafür braucht.

In die untere Hälfte sind jeweils die positiven Persönlichkeitsmerkmale einzutragen. Auch hier gibt es ein Hilfsmittel. Frage dich: War diese Person eher extrovertiert oder eher introvertiert, eher schnell oder eher langsam, eher risikofroh oder eher vorsichtig, eher gruppenorientiert oder eher ein Einzelgänger, eher genau oder eher ein Genießer, eher autoritär oder harmoniesuchend, eher redefreudig oder eher ein guter Zuhörer?

Nachdem du die verschiedenen Personen durchgegangen bist und vielleicht mit Hilfe deiner Eltern zusammengetragen hast, welche positiven Eigenschaften sie hatten oder haben, kannst du diese Aufgabe noch ausweiten, indem du deine Tanten und Onkel und deine eigenen Geschwister auf die gleiche Art und Weise beschreibst.

Nimm dir ruhig Zeit, denn dies ist eine besondere Entdeckungsreise, die du kostenlos machen kannst und auf der du eine Menge erfahren wirst – auch über dein eigenes Potential. Danach nimm einen Leuchtstift und lies nochmal alles durch. Alle Persönlichkeitsmerkmale und Fähigkeiten, die du wiedererkennst, weil du sie ebenfalls besitzt, solltest du markieren. Nachdem du den Workshop auf diese Weise ausgewertet hast, ist es sinnvoll, diese Ergebnisse im darauffolgenden Arbeitsblatt etwas geordneter einzutragen.

2. Reden Gottes

Nun kommen wir zum zweiten Bereich der Vergangenheitsbetrachtung. Hier geht es darum, einmal zu sammeln und zu ordnen, was Gott bis heute so alles zu dir „geredet“ hat.

Wohl jeder Christ denkt dann und wann über seine Zukunft nach und fragt sich, was der Wille Gottes ist. Ich kann mir sehr gut vorstellen, wie Gott im Himmel sitzt und sagt: „Aha, du möchtest wissen, was mein Wille ist für dich? Einen Moment.“ Und dann geht er an seinen Computer und macht eine kleinen Ausdruck von allem, was er dir im Lauf deines Lebens diesbezüglich schon alles gesagt hat. Apropos „klein“: In Wahrheit wird das natürlich eine riesenlange Liste werden!

Wie kann es sein, daß wir in unserem Leben immer wieder fragen: „Was möchte Gott? Wo soll es in Zukunft hingehen?“ und gleichzeitig nicht festhalten, was Gott uns täglich sagt und an Klarheit gibt?

Wie viele Predigten hast du schon gehört, durch die du sehr angesprochen warst und wußtest, daß du gut aufpassen mußt, weil Gott zu dir redet? Wie oft hast du diese Predigt trotzdem nicht mitgeschrieben oder anders festgehalten und hast sie dann innerhalb der nächsten zwei oder drei Wochen wieder vergessen?

Ich möchte dir Mut machen, gleich heute mit dem Sammeln zu beginnen, ein kleines „Reden-Gottes-Buch“ anzufangen, in dem du alles festhältst, was er an großen und kleinen Mitteilungen macht. Rückwirkend kannst du schon heute damit beginnen, und zwar in dem nächsten Arbeitsblatt, das wir nach verschiedenen Möglichkeiten aufgegliedert haben.

Einige Beispiele, wie Gott redet. Es gibt natürlich Gelegenheiten, bei denen Gott ganz direkt und ohne Umwege zu uns spricht. Solche Ereignisse vergißt man meist nie mehr und muß sie sich deshalb auch nicht unbedingt an dieser Stelle neu ins Gedächtnis rufen. Doch Gott redet noch auf viele andere Arten mit uns, die oft wenig spektakulär daherkommen und uns deshalb gar nicht unbedingt als Reden Gottes bewußt sind. Deshalb sind sie aber nicht weniger wichtig! Sicher sind die folgenden Beispiele noch nicht alle Kommunikationsmöglichkeiten Gottes, aber dies sind erst einmal sieben Varianten, nach denen du schon mal grob vorsortieren kannst. Ich werde zu jedem dieser Bereiche ein Beispiel geben, um zu verdeutlichen, worum es dabei geht.

Als erstes steht hier Gottes Wort: die Bibel. Gott redet ziemlich offensichtlich durch die Bibel. Fast eintausend Seiten sind hier vollgeschrieben mit Offenbarungen. Nun ist es natürlich so, daß nicht alles darin spezifisch für mein Leben gilt, aber es ist häufig so, daß ich etwas lese und dadurch sehr angesprochen bin. Bei mir zum Beispiel sind das Stellen, in denen etwa steht,

Reden Gottes

	Aussage	*Was hat dich am meisten motiviert?*
Bibel		
Bücher		
Predigt		
Gebet		
Träume		
Vorbilder		
Nöte von Menschen		
direktes Reden Gottes		

daß ein wahrer Gottesdienst das Sorgen für Witwen und Waisen ist. Immer wieder, wenn ich solche Stellen lese, entdecke ich, daß hier anscheinend ein Ruf Gottes an mich erklingt. Hier spricht Gott in mein Leben hinein und will eine Antwort haben. Dadurch sind diese Bibelstellen für mich wichtig geworden, wenn ich meine Zukunft plane.

Ein anderes Beispiel sind Bücher. Es gibt Bücher, die ich lese und die ich sehr gut finde. Es gibt auch Bücher, die mich so ansprechen, daß ich spüre, hier steckt etwas drin, was ganz spezifisch für mich und meine Zukunft wichtig ist und was ich weiterverfolgen muß.

Predigten sind eine weitere Möglichkeit, durch die wir angesprochen werden. Ich weiß nicht, wie viele Predigten ich schon gehört habe, aber es sind bestimmt an die zehntausend gewesen, und einige von diesen waren für mich so prägend, daß ich noch heute genau weiß, was darin vorkam.

Auch durch das Gebet füreinander kann Gott reden. Wenn ein anderer Mensch für dich betet und dabei von Gott auch Antworten in bezug auf dich erhält, kann das Hinweise und Offenbarungen für dich bedeuten. Auch Eindrücke, die andere Menschen über dich haben, können Fingerzeige Gottes sein. Und manchmal redet Gott auch ganz direkt durch einen anderen Menschen zu uns, der dann plötzlich intuitiv etwas sagt, was uns in einem bestimmten Problem weiterhilft oder unsere Sichtweise verändert. Schreibe einmal auf, was du diesbezüglich weißt und was dich dabei am meisten motiviert hat.

Durch Träume kann Gott uns neue Ideen geben. Hier ist es nur schwer zu sagen, was gute und was schlechte Träume sind und ob man seine Träume überhaupt aufmerksam beachten soll. Ich habe für mich selbst eine Regel entwickelt: Wenn ich morgens wach werde und einen Traum der letzten Nacht noch gut im Gedächtnis habe, es darin eine klare Aussage gab, diese nicht negativ ist und nicht im Widerspruch steht mit biblischen Wahrheiten, dann schreibe ich so einen Traum einfach auf.

Einige solcher Träume haben mir schon weitergeholfen. Ein Beispiel ist ein Traum, in dem meine Frau und ich jemanden getröstet haben und diese Person durch diesen Trost verwandelt wurde. Kurze Zeit danach wurde mir bewußt, daß wir als Management-Trainer auch den Auftrag haben, *Trost* zu bringen, und zwar gerade für Leute wie Manager, die häufig keinen Trost bekommen, diesen aber sehr brauchen. Ohne diesen Traum wäre ich nie darauf gekommen, daß auch das Thema Trost dazugehört, wenn man Führungskräfte ausbildet.

Ein weiterer Punkt sind Vorbilder. Sie sind für uns Inspiration und können uns helfen, eine Vision für unsere eigene Zukunft zu entwickeln. Wenn ein Mensch uns überzeugt und fasziniert, und wenn dieser Mensch etwas erreicht hat, was wir auch erreichen möchten, kann das ungemein anspornen. Und wenn der andere es geschafft hat – der ja auch nur ein Mensch ist –, kann ich es auch schaffen.

Ich habe einige Vorbilder aus der Vergangenheit und aus dem Heute, von denen ich lerne, und zwar dadurch, daß ich sie beobachte; höre und sehe, was sie tun und sagen. Ich merke immer wieder, wie dies ein Brunnen der Inspiration sein kann. Dazu mehr im letzten Kapitel dieses Buches!

Als letzte Möglichkeit des Redens Gottes zu uns möchte ich die Nöte anderer Menschen nennen. Meine Frau und ich waren vor einiger Zeit in Sri Lanka und haben dort eine Zeitlang im Missionsdienst gearbeitet. Eines Tages gingen wir durch die Hauptstadt Colombo, als uns mitten auf der Straße ein kleiner Junge begegnete. Dieser Junge hatte gebrochene Beine, die ihm vermutlich seine Eltern selbst gebrochen hatten, damit er mehr Mitleid erregte. Dieser kleine Junge strahlte über sein ganzes Gesicht, während er auf allen Vieren auf uns zukroch und seine Hand mit der Bitte um Geld zu uns aufhob. Das Gesicht dieses kleinen Jungen kann ich mir noch heute vor Augen führen. Es war, als ob Jesus durch die Augen dieses Jungen zu mir und meiner Frau sagte: „Sorgt für die Kinder dieser Welt."

Damals hatten wir selbst noch keine Kinder und auch sonst überhaupt gar keinen Bezug zu Kindern oder Kinderarbeit. Doch sechs Jahre später gründete meine Frau einen Kindergarten im Dortmunder Norden, der bis heute existiert und über die Jahre vielen hundert Kindern mit einem gut durchdachten biblisch-christlichen Konzept, aber noch viel mehr durch Liebe, Zuneigung und Annahme einen guten Dienst erwiesen hat.

Die Nöte von Menschen werden uns häufig gezeigt, damit wir uns dadurch ansprechen lassen. Nun wird es aber in der heutigen Zeit immer schwieriger, all diese Nöte, die man beispielsweise in den Nachrichten täglich sieht, zu verarbeiten, geschweige denn an sich heranzulassen. Um so wichtiger wird es, daß wir eine neue Aufmerksamkeit dafür entwickeln, wo es hier Appelle Gottes an uns zu finden gibt.

Diese sieben Bereiche geben eine Möglichkeit, die verschiedensten Informationen zu ordnen und auf eine übersichtliche Art auf den Punkt zu bringen.

Ein wichtiger Teil des großen Puzzles unserer Berufung ist eben dieses Reden Gottes. Daher ist es wichtig, auch hier in die Vergangenheit zurückzudenken, dort zu entdecken, was Gott schon alles geredet hat, es festzuhalten und daraus für unsere Zukunft und unsere Berufung zu lernen.

3. Die Lebenskurve

Der nächste Schritt auf dem Weg, unsere Geschichte zu entdecken und zu verstehen, ist unsere Lebenskurve.

Im folgenden Workshop geht es darum, auf dein Leben zurückzublicken und jedes Jahr oder jeden Zeitabschnitt zu beurteilen, ob er für dein Gefühl insgesamt positiv oder negativ war. Die Absicht ist nicht, jeden Zeitabschnitt ganz genau zu reflektieren. Es geht viel mehr darum, ein Gefühl dafür zu entwickeln, welche Lebensabschnitte von dir wie empfunden wurden.

Lebenskurve – Berufskurve

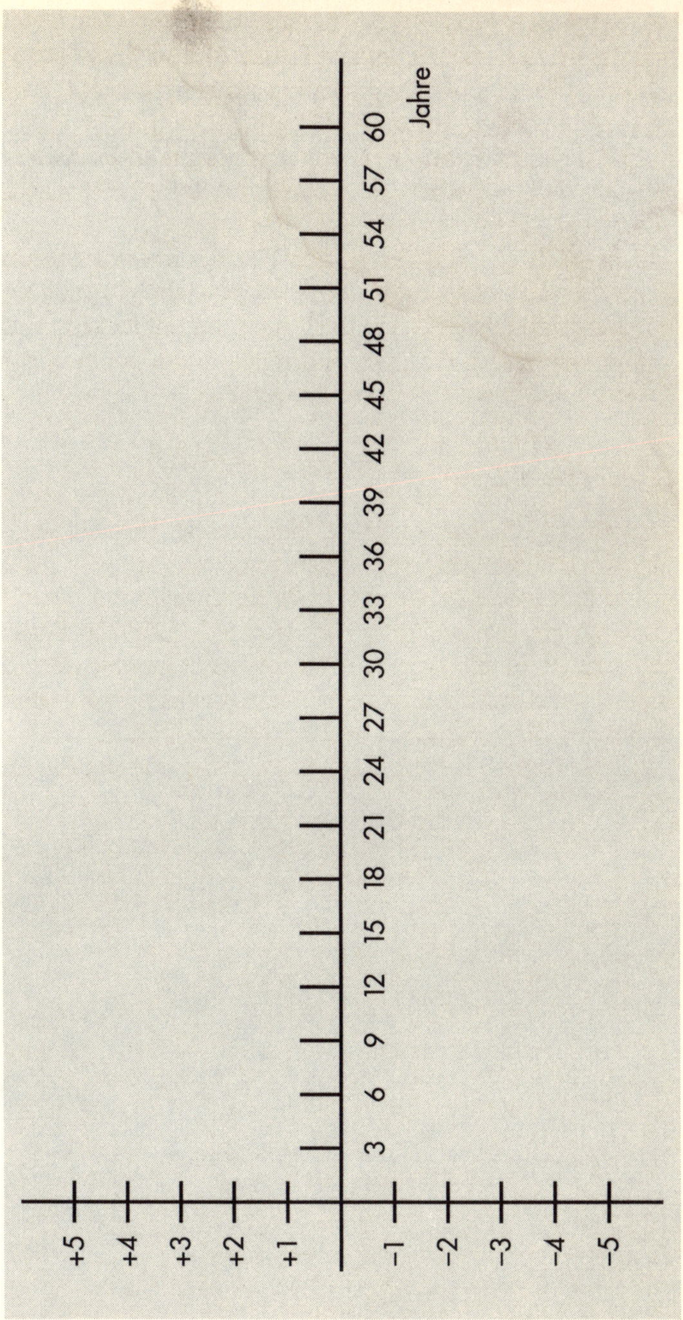

Lebenskurve – Berufskurve

Motivierende und demotivierende Fähigkeiten und Umstände

⊕ *Fähigkeiten, die mich motiviert haben*	⊕ *Umstände, die mich motiviert haben*

⊖ *Umstände, die mich demotiviert haben*

Wenn du das gemacht hast, ist der nächste Schritt, zu beschreiben, was innerhalb deiner eigenen Lebensentwicklung positiv oder negativ war, was dich motiviert oder runtergezogen hat. Dazu kannst du das auf die Lebenskurve folgende Arbeitsblatt benutzen.

Bitte trage hier folgende Dinge ein: Im ersten Viertel der oberen Hälfte sammelst du die Fähigkeiten, die du in den positiven Zeiten eingesetzt hast, die dir Spaß gemacht haben und die diese Zeiten so zu positiven Zeiten gemacht haben. Im nächsten Viertel der oberen Hälfte sammelst du die Umstände, die dazu beigetragen haben, daß du diese Zeiten als positiv empfunden hast. In der unteren Hälfte gehst du genauso mit den negativen Zeitabschnitten vor. Hier suchen wir nach demotivierenden Veranlagungen und Umständen.

4. Der Ausbildungsweg

Der vierte Aspekt deiner Geschichte ist dein eigener Ausbildungsweg. Auch hierzu haben wir ein Arbeitsblatt entwickelt. An vielen Stellen erleben wir, daß Menschen einen bestimmten Ausbildungsweg gegangen sind, der zu dem damaligen Zeitpunkt nicht unbedingt völlig klar die entsprechenden Vor- und Nachteile aufzeigte.

Ich selbst erlebe dies sehr deutlich, wenn ich zurückschaue auf meine Zeit auf dem Gymnasium, daran anschließend zwei Jahre Arbeitserfahrung, das Architektur-Studium, dann die Erfahrungen in Sri Lanka, danach sieben Jahre Berufsleben als Architekt, später noch sechs Monate Studium und Arbeit auf Hawaii, um dann danach immer mehr in den Bereich Training und Beratung einzusteigen.

Zu der Zeit, als ich Architektur studierte, und auch später, als ich in diesem Beruf arbeitete, war mir eigentlich klar, daß dies nicht meine langfristige Perspektive oder Berufung sein konnte. Trotzdem wußte ich, daß es richtig war, diesen Weg erst einmal zu gehen, um dann zu entdecken, wie es weitergeht.

Heute weiß ich, daß ich mit meinem Studium und der Arbeit die Grundlagen des strukturellen Denkens erlernt und erfahren habe, wie man Bedürfnisse des Kunden analysiert und spezielle und allgemeine Lösungskonzepte entwickelt.

Berufs- und Lebensentwicklung

Ausbildung/ Berufsweg	*Motivierende Fähigkeiten*	*Motivierende Umstände*	*Erworbene Fachkompetenz*
	eingesetzt/ erlernt		

Dies sind genau die Fähigkeiten, die ich heute für meine Tätigkeit in der Unternehmensberatung brauche. Es ist einfach schön zu sehen, wie mein Ausbildungsweg in der Vergangenheit immer ein Stückchen mehr dazu beigetragen hat, meine heutige Berufung und meinen heutigen Beruf optimal ausfüllen zu können.

Darum macht es Sinn, zurückzuschauen und zu sehen, wie der eigene Ausbildungs- und Berufsweg ausgesehen hat. Fang dabei auf dem Arbeitsblatt ruhig schon im Kindergarten an. Beschreibe kurz die einzelnen Stationen und versuche im besonderen, in den Spalten daneben zu erkennen, was hier die motivierenden Fähigkeiten sind, die du in diesen Zeiten einsetzen oder erlernen konntest.

In der zweiten Spalte daneben werden die motivierenden Umstände gesammelt, die hier gegeben waren. In die letzte Spalte solltest du dann schreiben, welche Fähigkeiten und welches Wissen du in der entsprechenden Zeit erworben hast. Auch dies ist ein weiteres Puzzle-Stückchen unseres großen Bildes, gibt aber gleichzeitig auch schon Aufschluß über den berühmten „Roten Faden" in deinem Leben.

Robert Clinton, Professor an der Universität von Pasadena in Kalifornien, hat gemeinsam mit seinen Studenten sechshundert unterschiedliche Führungspersönlichkeiten im Hinblick auf ihren Lebensweg untersucht und dabei festgestellt, daß sie alle durch ähnliche Situationen oder Umstände gegangen sind. Das Motivierende an dieser Studie, die in Clintons Buch „Der Werdegang eines Leiters" erwähnt wird, ist zu sehen, daß Gott offensichtlich das Leben dieser Menschen mitgestaltet hat, auch wenn sie das lange nicht immer so gesehen oder erfahren haben.

Um zu dieser Erkenntnis zu gelangen, lohnt es sich, sein eigenes Leben im Rückblick zu betrachten – mit all den positiven Aspekten und den Lernchancen, die damit verbunden waren, um ein neues Empfinden dafür zu bekommen, daß tatsächlich nicht nur wir selbst unser Leben gestalten, sondern wir dies in einem teilweise unsichtbaren Bund mit Gott tun.

Zwei Dinge sind dabei für mich wichtig: Ich kann erstens mein Leben mit mehr Gelassenheit gestalten, weil ich weiß, daß Gott mit im Spiel ist und mit organisiert, und ich kann zweitens mehr wagen und mehr experiementieren, weil ich eben weiß, daß Gott sehr wohl imstande ist, den roten Faden in meinem Leben immer wieder gemeinsam mit mir aufzugreifen und so das Optimale aus meinem Leben zu machen.

5. Lebenshindernisse

„Wohl jedem, der den Herrn fürchtet und in seinem Wegen wandelt. Du wirst dich nähren von deiner Hände Arbeit. Wohl dir, du hast es gut. Dein Weib ist wie ein fruchtbarer Weinstock im Innern deines Hauses, deine Kinder wie junge Ölbäume rings um deinen Tisch. Siehe, so wird ein Mann gesegnet, der den Herrn fürchtet. Der Herr segne dich aus Zion, daß du das Glück Jerusalems siehst alle Tage deines Lebens und siehst die Kinder deiner Kinder.“ (Psalm 128)

Der fünfte Bereich meiner Geschichte ist der Bereich der Lebenshindernisse. Psalm 128 beschreibt den Begriff „Die Furcht des Herrn“. Dieser Begriff bedeutet soviel wie Respekt gegenüber Gott als meinem Schöpfer und damit als meiner höchsten Autorität. Das hat aber wenig mit Angst zu tun. Im Johannesbrief wird beschrieben, daß die Liebe jede Furcht austreibt. Daher kann ein Gott der Liebe nicht wollen, daß wir Angst vor ihm haben. Er möchte im Gegenteil sogar eine Beziehung mit uns pflegen. In diesem Psalm sehen wir auf eine ganz besondere Art und Weise, daß Gott ein großzügiger, vielfältiger, lebens- und menschennaher Gott ist, denn er wünscht sich für uns „Leben in Fülle“.

Unser „Künstler in dir“-Prozeß beschäftigt sich ja ebenfalls damit, in Fülle zu leben und alle unsere Möglichkeiten zu entfalten. Die Furcht des Herrn beschreibt nun einen Lebensstil, der dies erst ermöglicht. Wir sehen im Psalm 128, daß es Gottes Perspektive ist, daß wir Arbeit haben, daß uns diese Arbeit Spaß macht, daß sie erfüllend und produktiv ist. Wir sehen auch, daß er uns eine Familie wünscht, in der wir uns wohlfühlen. Gott wünscht uns „Shalom“, und das bedeutet unter anderem auch ein rundherum reiches Leben.

Darüber hinaus sagt uns die Bibel, daß der Mensch, der Gott

respektiert, die Kinder seiner Kinder sehen wird. Das heißt, daß er nicht nur selbst produktiv sein wird in seinem Leben, sondern daß sich das, was er schafft, noch multiplizieren wird.

In einem weiteren Psalm wird dies eindrücklich bekräftigt. Bitte lies diesen Psalm gemeinsam mit mir unter dem Aspekt durch, wie wohlwollend, barmherzig, liebend und begeistert Gott in bezug auf uns ist.

Psalm 34 ab Vers 8: „ Der Engel des Herrn lagert sich um die her, die ihn fürchten, und er rettet sie. Schmecket und sehet, wie freundlich der Herr ist. Wohl dem, der auf ihn traut. Fürchtet den Herrn, ihr seine Heiligen, denn die ihn fürchten, haben keinen Mangel. Junge Löwen leiden Not und Hunger, aber die den Herrn suchen, müssen nichts Gutes entbehren. Kommt her, ihr Kinder, hört mir zu, ich will euch die Furcht des Herrn lehren. Wer hat Lust zu leben und möchte gerne gute Tage sehen?"

> Wenn wir unser Leben gestalten, wenn wir nach vorne denken, dann ist es eine der Voraussetzungen, den Lebensstil Gottes leben zu lernen. Jesus sagt: „Ich bin der Weg, die Wahrheit und das Leben." Und er sagt: „Ich bin gekommen, daß sie Leben haben, Leben im Überfluß."

Gott ist keine kleinkarierte Person, sondern großzügig, weit, farbenfroh und einladend. Bei alledem ist er aber auch ein Realist. Er weiß, daß wir Menschen Hilfe brauchen, um das Leben so zu leben, daß es wirklich ein Fest ist. Als Hilfestellung dazu hat er den Begriff „Furcht des Herrn" geprägt. Dieser etwas befremdlich klingende Begriff hat ganz bestimmt nichts mit Angst vor Gott zu tun. „Furcht des Herrn" bedeutet eigentlich, daß wir unser Leben in Ehrfurcht vor Gott, also in seinem Sinne und nach seinen Grundsätzen leben sollen. Wenn du einmal in Psalm 34 nachliest, wirst du feststellen, daß sich hinter dem Begriff „Furcht Gottes" vier Lebensrichtlinien verbergen:

1. Tue und rede Gutes
2. Stifte Frieden überall dort, wo du bist
3. Baue Gemeinschaft unter den Menschen, mit denen er dich zusammenstellt

4. Übe Demut, das heißt Mut zum Dienen, und lasse es dir eine Freude werden, andere erfolgreich zu machen (Psalm 34 und Sprüche 8).

Diese vier Grundsätze sind nichts anderes als eine Zusammenfassung der zehn Gebote Mose oder eine weitere Erklärung der drei Gebote Jesu:

1. Liebe Gott
2. Liebe deinen Nächsten
3. wie dich selbst.

Wenn man diese vier Grundsätze umdreht, erhält man den Lebensstil, der unser Leben und unsere Beziehungen zerstört. Dieser sieht folgendermaßen aus:

1. Tue und rede Böses
2. Hasse die Menschen, die dich verletzen
3. Rebelliere gegen alles und zerstöre Beziehungen
4. Lebe in Hochmut und halte dich selbst für besser als andere.

Genau diese vier Punkte sind auch die Hauptlebenshindernisse, die uns daran hindern, daß wir unsere Vergangenheit positiv bewältigen und wir ein rundherum erfülltes Leben haben, daß wir Familie bauen, daß wir produktiv arbeiten und unser Leben aktiv gestalten können.

Wir haben Arbeitsblätter zusammengestellt, auf denen du folgende vier Fragen beantworten kannst:

1. Wo habe ich mich schuldig gemacht im Reden und Tun und dies nicht bereinigt?
2. Wo wurde ich verletzt und habe nicht vergeben?
3. Wo habe ich Beziehungen zerstört und noch nicht um Vergebung gebeten?
4. Wo stecke ich in Hochmut fest? Hochmut kennt viele Gestalten. Einige Beispiele: Überheblichkeit, Übertreiben, Neid (übrigens der Glückskiller Nr. 1), Minderwertigkeitskomplexe, Arroganz, Verachtung.

Lebenshindernisse

1. Wo habe ich mich schuldig gemacht und dies nicht geklärt?		*Was werde ich jetzt tun?*
Handeln:	*Reden:*	
2. Wo wurde ich verletzt und habe nicht vergeben?		*Was werde ich jetzt tun?*

3. Wo habe ich Beziehungen verletzt und noch nicht um Vergebung gebeten?	*Was werde ich jetzt tun?*

4. Wo lebe ich hochmütig?	*Was werde ich jetzt tun?*
• *Überheblichkeit* • *Übertreiben* • *Neid* • *Minderwertigkeitskomplex* • *Arroganz* • *Verurteilen*	

Neben diesem Arbeitsblatt findest du eine weitere Spalte für jeden einzelnen Punkt, in die du eintragen kannst, was du als nächstes tun wirst. Denn die Entdeckung, daß es Hindernisse gibt ist, nur der erste Schritt. Der wesentliche nächste Schritt ist, dann damit etwas zu *tun*.

Unweigerlich kommen wir dann zu den Begriffen Schuld und Sünde. Diese Begriffe kann ich so am besten fassen:

Sünde ist deswegen so negativ, weil sie Beziehungen zerstört: meine Beziehung zu Gott, meine Beziehung zu mir selbst und meine Beziehung zu anderen. Da Gott die Menschen geschaffen hat, damit sie – so wie er selbst – in Gemeinschaft leben sollen, haßt er tatsächlich die Sünde, weil sie Gemeinschaft zerstört.

Darum kam Jesus stellvertretend, um für diese Sünde die Strafe zu bezahlen, am Kreuz zu sterben und den Weg für uns frei zu machen zu einem Leben, in dem wir lernen, mit Schuld umzugehen und Sünden zu überwinden.

Vier Schritte helfen mir selbst immer wieder dabei, mit Sünde umzugehen:

1. Erkennen. Wenn ich persönlich nicht erkenne, daß etwas eine Sünde oder Schuld ist, kann ich auch keine Lösung dafür suchen. Unser Gewissen braucht da Hilfe, indem wir beispielsweise in der Bibel lesen und dadurch unser Gewissen und unseren Verstand schärfen. Hinzu kommt, daß Gottes Heiliger Geist extra dazu gekommen ist, um uns erkennen zu helfen, was Sünde ist. Erkennen ist also der erste Schritt.

2. Bekennen. Auf das *Erkennen* sollte das *Bekennen* folgen. Im Johannesbrief steht dazu, daß Gott treu und gerecht ist und uns von aller Ungerechtigkeit reinigt, wenn wir unsere Sünden bekennen. Das Bekennen gehört zum Erkennen dazu. Mit dem Bekennen sprechen wir etwas aus und bringen es damit ans Tageslicht der Realität, damit es auch real geklärt werden kann. Darum fühl dich eingeladen: Wenn du Hindernisse erkennst, bekenne sie gegenüber Gott und am besten auch noch einer Person, der du vertraust (das macht es offizieller).

3. Hassen. Da Gott ein Gott der Liebe ist, klingt Hassen fast ein wenig zu stark. Doch in diesem Fall bedeutet Hassen eigentlich nur, daß wir lernen, die Folgen von Sünde zu erkennen und sie deshalb zu verabscheuen und zu vermeiden. Wenn ich mir nämlich vor Augen führe, was diese bestimmte Sünde oder Schuld für Folgen haben wird, dann fange ich an, eine negative Einstellung oder Handlungsweise zu hassen.

4. Lassen. Nachdem in meinem ganzen Wesen, in meinem ganzen Fühlen und Sein geklärt ist, was Schuld und Sünde ist und was ich bereinigen sollte, geht es darum, meinen Willen zu aktivieren, um den falschen Gewohnheiten, die zu Lebenshindernissen werden, gute Gewohnheiten entgegenzusetzen.

Und damit sind wir wieder bei der „Furcht des Herrn", in der es darum geht, die vier Lebenshilfen im Sinne Gottes anzuwenden: Gutes tun und reden, Frieden stiften, Gemeinschaft bauen und Demüt üben.

All das umzusetzen erfordert viel Disziplin, doch – wie meistens im Leben – ist alles, was wirklich kostbar ist, auch mit Mühe verbunden.

Zum Abschluß vielleicht noch dieser Gedanke: Du stehst heute hier und schaust zurück auf eine ganze Geschichte. Ich hoffe, daß du im Laufe dieses Kapitels Begeisterung entwickelst bezüglich deines eigenen Lebens und der Chancen und Möglichkeiten, die darin liegen.

Einer ist so begeistert über dich, daß er dich von morgens früh bis abends spät beobachtet, um zu sehen, was du als nächstes tun wirst und wie es weitergeht – weil er dich nämlich begeisterungswürdig geschaffen hat.

Kapitel 3

Was steckt in mir?

Gaben, Talente und Veranlagungen

Ein Junge von neun Jahren baute eine Maschine. Er war darüber ganz begeistert und holte seinen Vater dazu, um sein Werk zu bestaunen. Der tat dies auch ausgiebig, lobte seinen Sohn sehr und strich heraus, was er an dieser „Schöpfung" besonders gut gelungen fand. Auf diese Art und Weise angespornt, arbeitete der Junge weiter und hörte nicht mehr auf, ständig Dinge zu erfinden und zu verbessern. Zwanzig Jahre später, nach insgesamt ca. 10 000 Fehlversuchen, gelang diesem jungen Mann eine bahnbrechende Erfindung. Er entwickelte die heute unentbehrliche Glühbirne!

Dies ist die Geschichte von Thomas Edison. In seinen Memoiren beschreibt er, wie sein Vater ihn zwanzig Jahre lang immer wieder unterstützte und jedesmal Dinge fand, die interessant und lobenswert waren, wenn er ihn bat, eine neue Erfindung zu begutachten. Thomas Edison ist ein gutes Beispiel für jemanden, der seine eigene Begabung entdeckte, ernstnahm – und dann übte und übte und übte, bis zur Vollendung.

Es gibt eine Geschichte, die beschreibt, wie Gott sich das mit den Begabungen gedacht hat. Matthäus, Kapitel 25 ab Vers 14: „Denn … [das Reich Gottes] ist wie bei einem Menschen, der verreisen wollte, seine Knechte rief und ihnen seine Güter übergab; dem einen gab er fünf Talente, dem anderen zwei, dem dritten eins, einem jeden nach seiner Kraft, und reiste ab." Punkt.

Dieser Punkt am Ende des genannten Abschnitts ist sehr wichtig! Der Herr, der diese unterschiedlichen Gaben an unterschiedliche Menschen mit unterschiedlicher Kraft verteilte, hat ihnen nicht gesagt, was sie mit diesen Dingen tun sollten. Es gab keine Gebrauchsanweisung, sondern nur die Talente oder Gaben, sozusagen blanko. Interessant ist, daß alle drei Knechte diese Talente unterschiedlich einsetzten. Der, der fünf Talente empfangen hatte, gewann noch fünf weitere hinzu, und als der Herr dann später zurückkam, sagte er: „Herr, du hast mir fünf Talente übergeben; siehe, ich habe damit fünf andere gewonnen. Sein Herr spricht zu ihm: Gut, du braver und treuer Knecht! Du bist über wenigem treu gewesen, ich will dich über vieles setzen; gehe ein zu deines Herrn Freude!" (ab Vers 20).

In dieser Geschichte wird ein Grundprinzip für unseren Umgang mit Begabungen und Talenten sichtbar.

> An erster Stelle müssen wir festhalten, daß wir *Verwalter* sind und daß wir zweitens eine *Verantwortung* haben, mit diesen Begabungen möglichst optimal umzugehen, das Beste daraus zu machen, sie zur Entfaltung zu bringen. Aber: wie kann ich etwas auf diese Weise verwalten, wenn ich gar nicht weiß, was ich da verwalte? Folglich muß der erste Schritt sein, überhaupt festzustellen, was in mir steckt und was ich für Begabungen habe.

Zu dieser Entdeckungsreise lade ich dich hiermit herzlich ein. Dieses Kapitel will dir helfen, auf sieben verschiedenen Ebenen zu entdecken, in welchen Bereichen du begabt bist. Du wirst dich wundern, was alles in dir steckt! Am Ende verstehst du vielleicht sogar ein bißchen besser, warum Gott so begeistert von dir ist!

Dr. Arnold Weismann, Professor der Wirtschaftswissenschaften in Nürnberg, hat einmal folgende Aussage gemacht: „Nur spitze Instrumente haben Durchschlagskraft. Mit einem Finger kann man einen Bierdeckel durchbohren, aber mit der flachen Hand geht es nicht. Wenn wir etwas tun, müssen wir ‚spitz' sein und dadurch an Durchschlagskraft gewinnen. Oder anders gesagt: In der Konzentration ist der durchschnittlich begabte Mensch dem unkonzentrierten Genie weit überlegen."

Du und ich, wir sind wahrscheinlich keine Genies, aber wir sind absolut einzigartig begabt. Es geht nun darum herauszufinden, wo diese Begabungen liegen, wie wir sie konzentrieren können und wie wir in dieser Konzentration eine gute Richtung finden können, um unser Leben positiv zu gestalten.

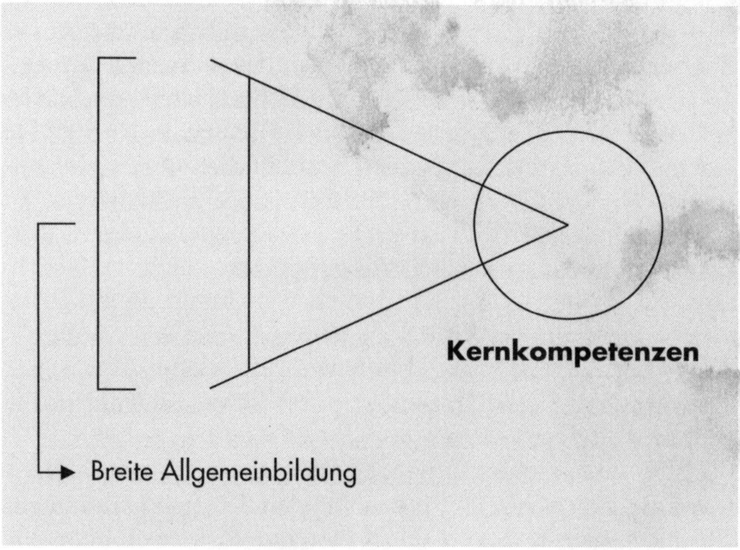

Man kann sich das bildlich als eine Art Pfeilspitze vorstellen: Vorne sind wir spitz und haben Durchschlagskraft. In dieser Spitze befinden sich unsere Kernkompetenzen.

Wir Menschen bestehen ja aus vielen unterschiedlichen Bereichen. Wir haben eine einzigartige Persönlichkeit, wir haben natürliche Fähigkeiten, wir haben Geistesgaben, wir besitzen eine bestimmte Intelligenzstruktur, wir sind überzeugt von bestimmten Werten, wir haben Wünsche, einen einmalig gebauten Körper, und in jedem dieser Bereiche haben wir sogenannte Kernkompetenzen. Diese gilt es zu entdecken, um damit eine gewisse Durchschlagskraft zu entwickeln. Das Bild ist aber erst komplett, wenn wir auch verstehen, daß wir zwar vorne spitz sind, aber auch als Gegengewicht „von hinten" eine breite Basis brauchen. Die Spitze müssen wir „füttern" mit der ständigen Weiterentwicklung unserer Allgemeinbildung.

In der Auflistung auf S. 62 haben wir einmal zusammengefaßt, wie wir uns das vorstellen können mit den Begabungen in den unterschiedlichen Bereichen. Danach wollen wir die einzelnen Bereiche nacheinander durchgehen.

Arthur Miller, Wissenschaftler im Bereich der Fähigkeitsanalyse, hat in den letzten zwanzig Jahren innerhalb dieses Bereichs geforscht und ist sicherlich einer der anerkanntesten Personen auf diesem Gebiet. Er hat mit Hilfe einer Untersuchung an über 3000 Personen festgestellt, daß alle Beteiligten über sieben bis zehn „Grundfähigkeiten" verfügten.

Nach weiteren Analysen stellte man fest, daß sie diese schon während ihrer Kindheit besaßen und sie lediglich im Laufe ihres Lebens weiterentwickelt hatten – oder auch nicht. Interessant ist also festzuhalten, daß jeder Mensch von Geburt an mit einem ganzen Spektrum von Grundfähigkeiten begabt ist.

Im Folgenden ist er selbst verantwortlich dafür, zu entscheiden, wie diese Grundfähigkeiten weiterentwickelt werden können.

Miller nannte diese Grundbegabungen „Natürliche Motivationsfähigkeiten", weil er feststellte, daß dies Fähigkeiten sind, die mich sozusagen von selbst motivieren, wenn ich sie einsetze. Eine meiner persönlichen Grundfähigkeiten ist zum Beispiel das Entwickeln von Konzepten. Wenn ich mich drei Stunden lang hinsetzen und ein Konzept entwickeln kann, dann bin ich hochmotiviert. Auch, wenn vielleicht erst einmal wenig dabei herauskommt. Ich bin einfach motiviert, weil ich dieser Tätigkeit nachgehen kann. Das ist das Geschenk der natürlichen Motivationsfähigkeiten.

Du kannst dir sicher vorstellen, daß du um so länger motiviert arbeitest, je mehr du diese Grundbegabungen im Beruf oder innerhalb der Familie, Gemeinde oder Freizeit einsetzen kannst. Es ist schon toll zu sehen, daß wir Menschen so geschaffen wurden, daß wir von unseren Kernkompetenzen nicht nur herausgefordert werden, sondern durch ihren Einsatz zusätzlich noch eine Art „Selbstmotivation" erfahren. Wenn diese beiden Dinge zusammenkommen – Selbstmotivation und Selbstverantwortung –, bildet das eine fast explosionsartige Energiequelle für unser Leben.

An einigen Stellen in unserer Vergangenheit sind diese bestimmten Fähigkeiten bereits sichtbar geworden; beispielsweise im familiären Erbe. Hier haben wir eigene Fähigkeiten und

Stärken wiedererkannt, die auch bei anderen Mitgliedern unserer Familie vorhanden waren oder sind.

Ebenso geschah es in der Lebenskurve. Auch dort haben wir festgestellt, welche natürlichen Fähigkeiten wir in den von uns positiv bewerteten Phasen eingesetzt haben. Genauso haben wir bei unserem Berufs- und Ausbildungsweg festgehalten, welche Fähigkeiten wir jeweils erlernt oder eingesetzt haben, die uns motiviert haben.

Um heute feststellen zu können, wo diese sieben bis zehn Grundmotivations-Fähigkeiten bei dir liegen, haben wir einen Workshop entwickelt, den du bei uns bestellen und selbst auswerten kannst. In diesem Buch findest du im folgenden eine Übersicht der dort behandelten 44 wichtigsten Grundfähigkeiten, die wir in vier Bereiche eingeteilt haben: Umgang mit Menschen, Umgang mit Informationen, mit Gegenständen und die Kreativität.

Die Vorgehensweise: Nimm dir diese Übersicht in Ruhe vor und mach ein Kreuzchen bei den Fähigkeiten, die dir Spaß machen würden. Es können so viele sein, wie du willst. Der zweite Schritt ist dann, aus allen so gekennzeichneten Fähigkeiten die sieben herauszusuchen, die du am besten kannst oder die dir am meisten Spaß machen. Der dritte Schritt ist die Fremdeinschätzung. Bitte einen Freund, Bekannten oder den Partner, dich nochmals auf dieselbe Weise einzuschätzen. Vergleicht danach im vierten Schritt die beiden Ergebnisse und redet darüber, warum ihr das so seht. Halte dann beide „Siebener-Listen“ erst einmal fest.

Im vierten Kapitel dieses Buches werden wir dann beginnen, die verschiedenen Auflistungen, die du bis dahin erstellt hast, zu ordnen. So kommen wir zu einem umfassenden Ergebnis.

Einsatzmöglichkeiten im Beruf. Besonders innerhalb der Berufswahl ist es enorm hilfreich festzustellen, welche deine sieben bis zehn natürlichen Motivationsfähigkeiten sind. Einen Beruf zu finden, in dem du mehrere dieser Grundfähigkeiten einsetzen kannst, bedeutet eine ganz unglaubliche Chance: du machst dann eine Arbeit, die dich beständig sozusagen aus dir selbst heraus motiviert.

Zweitens gibt dir diese Analyse die Möglichkeit, dein heu-

Auflistung der natürlichen Motivationsfähigkeiten

Menschen	*Informationen*
1. Anweisungen folgen	1. Verwalten
2. Dienen	2. Rechnen, kalkulieren
3. Mitfühlen, mitleiden	3. Zu Potte bringen
4. Kommunizieren	4. Untersuchen, forschen
5. Überzeugen	5. Beurteilen, bewerten
6. Verhandeln, entscheiden	6. Organisieren
7. Gründen, aufbauen	7. Verbessern, anpassen
8. Behandeln	8. Logisch denken
9. Beraten	9. Planen, entwickeln
10. Lehren, unterrichten	10. Strukturieren, ordnen
11. Leiten	11. Konzepte entwickeln

Materialien	*Kreativität*
1. Bearbeiten	1. Vorführen, amüsieren
2. Mit Erde und Natur arbeiten	2. Musizieren
	3. Bildhauen
3. Maschinen und Geräte gebrauchen	4. Tanzen
	5. Pantomime
4. Umgang mit Computer	6. Schauspielen
5. Präzisionsarbeit	7. Zeichnen
6. Bauen	8. Entwerfen (Design)
7. Malen, Anstreichen	9. Schreiben
8. Reparieren	10. Kreativ denken
9. Dekorieren	11. Fotografieren
10. Umgang mit Elektronik	
11. Kochen, backen	

tiges Stellenprofil zu ergänzen oder zu formen, und zwar so, daß du möglichst viele dieser Fähigkeiten innerhalb deines Berufes einsetzen kannst. Wenn ich nur zwanzig Prozent meiner gesamten Arbeitszeit mit diesen natürlichen Begabungen ausfüllen kann, gibt mir dies die Motivation für die restlichen achtzig Prozent.

Der dritte Faktor innerhalb des Berufes ist die Karriereplanung. Wenn ich einen Förderplan für mich entwickeln will, der beinhaltet, wo ich innerhalb der nächsten fünf Jahre beruflich hinsteuern möchte, dann nehme ich meine natürlichen Motivationsfähigkeiten als Basis, um nicht utopisch oder in Abwege hinein zu planen, sondern um mich immer wieder neu auf das Wesentliche konzentrieren zu können.

Einsatzmöglichkeiten in der Familie. Nicht nur im Beruf kann ich meine Motivationsfähigkeiten einsetzen, sondern auch ganz konkret in der Familie. Wenn man innerhalb der Familie zusammenarbeitet und einander dient, soll das motivierend sein und Spaß machen. Auch hier kann es helfen zu wissen, was der eine und was der andere kann. So können wir uns gegenseitig viel besser ergänzen und als Team viel Spaß haben.

Einsatzmöglichkeiten in der Freizeit. In unserer Freizeitgestaltung liegt eine Lern- und eine Genuß-Chance. Zu wissen, welche natürlichen Motivationsfähigkeiten ich habe, hilft mir beispielsweise, Hobbys auszuwählen, Kraft zu tanken, Neuland zu erobern und gleichzeitig dabei das Leben zu genießen – wieder weil diese Tätigkeiten mich ganz von selbst motivieren.

Einsatzmöglichkeiten in der Gemeinde. In unserer heutigen Zeit gibt es immer mehr Menschen, die sich auf durchaus positive Weise beruflich weiterentwickeln und, damit verbunden, immer mehr Verantwortung übertragen bekommen. Dies bewirkt ein immer intensiveres und häufig auch zeitaufwendigeres Berufsleben. Das wiederum heißt, daß immer weniger Menschen Zeit haben, sich auch noch stark in die Gemeinde zu investieren. Trotzdem wollen diese Leute fest verankert sein innerhalb einer gemeindlichen Struktur, um ihr Zuhause nicht zu verlieren.

Gerade dann wird es wichtig, den Beitrag innerhalb der Gemeinde zu konzentrieren und sich nicht in allen möglichen Dingen zu verzetteln. Den anderen Menschen in der Gemeinde die eigenen Begabungen zur Verfügung stellen und ihnen so optimal zu dienen – das ist das Ziel. Und das wiederum bringt Spaß und Erfüllung für beide Seiten.

2. Übernatürliche Fähigkeiten

Der Mensch besteht aus dem Geist, der Seele und dem Körper.

Man kann sich unseren Körper vor Augen halten, und man kann sich die Seele einigermaßen gut vorstellen – aber den eigenen Geist vermag man kaum zu fassen. Die verschiedensten klugen Leute haben sich darum schon viele Gedanken gemacht, und eine Variante davon ist folgende: Zunächst gebe ich dir einmal eine kurze Übersicht, was zu den Geistes-Aktivitäten und was zu den seelischen Aktivitäten gehört:

Zu unserer Seele gehört unser *Verstand,* also das Denkvermögen, der *Wille* als unser Entscheidungspotential sowie das *Gefühl* mit seinem ganzen Spektrum. Hier liegen unsere natürlichen Begabungen und unsere natürliche Motivation.

Unser Geist umfaßt

1. unsere Kommunikationsfähigkeit mit dem Übernatürlichen
2. unser Gewissen, das entweder scharf oder weniger geschärft ist
3. die Intuition, mit der wir Dinge erfassen, die wir nicht sehen oder erklären können.

Zusammengefaßt ist dies der Bereich unserer übernatürlichen Begabung und Motivation. Die Bibel ist nicht nur ein Buch, das uns erklärt, wer wir sind, wie wir funktionieren, wie wir leben und welche Chancen und Gefahren darin liegen, sondern auch (und vor allem) wer Gott ist und was seine Wünsche und Bedürfnisse sind – und vor allen Dingen, wie er mit uns kommunizieren will.

Darum redet die Bibel auch von Anfang bis Ende immer wieder über das Thema „der Geist des Menschen“ und beschreibt diese drei Bereiche (Gewissen, Kommunikation und Intuition) immer wieder neu und auf unterschiedliche Weise.

Ein gutes Beispiel ist eine Aussage im Römerbrief, Kapitel 8, in der es heißt, daß der Heilige Geist unserem Geist Zeugnis darüber gibt, daß wir Gottes Kinder sind. Dies bedeutet, daß Gottes Geist zu unserem Geist redet und daß unser Geist dieses Reden Gottes erfassen und aufnehmen kann.

Im Johannesevangelium sagt Jesus im 16. Kapitel, daß er selbst fortgehen wird, aber der Heilige Geist kommen wird und uns von Sünde und Gerechtigkeit überführen wird. Ganz offensichtlich führt und ordnet Gottes Geist innerhalb unseres Gewissens. Auch dort gibt es höchst unterschiedliche Ausprägungen. Es gibt Menschen, deren Gewissen beispielsweise nicht reagiert, wenn sie andere verletzen, vielleicht weil sie das schon so oft gemacht haben, daß sie stumpf geworden sind.

Unser Gewissen ist das Instrument, das Gott in unseren Geist hineingebaut hat, um uns zu warnen vor dem, was andere und uns selbst zerstört. Je schärfer unser Gewissen ist, desto freier können wir leben. Je schwächer das Gewissen ausgeprägt ist, desto mehr Gesetze brauchen wir, um unser eigenes und das Leben anderer zu schützen.

An einer anderen Stelle lesen wir, daß Jesus wußte, was die anderen dachten und wie er ihnen dies auf den Kopf zusagte. Hier merken wir, daß Jesus ganz lebendig und scharf war in seiner Intuition. Nicht umsonst hat er sehr viel Zeit im Gespräch mit Gott verbracht. Hier hat er gelernt, seinen Geist zu aktivieren, seine Sinne zu schärfen.

Im Neuen Testament spricht auch der Apostel Paulus davon, daß die Menschen, die Gott ihren Geist zur Verfügung stellen, nicht nur eine Reinigung, eine Säuberung und Schärfung ihres Gewissens erfahren, sondern auch begabt werden mit unterschiedlichen Geistesbegabungen.

Das heißt, daß du und ich, daß wir alle begabt sind. Die Frage ist nun: Womit?

Auch hier gibt es schon viele Bücher zum Thema. Es lohnt sich schon alleine, in der Bibel nachzulesen, beispielsweise im 1. Korintherbrief, Kapitel 12. Hier beschreibt Paulus, daß jeder Mensch bei seiner Hinwendung zu Gott eine Offenbarung vom Heiligen Geist erhält, die den eigenen Geist aktiviert, und daß jeder Mensch daraufhin einzigartig begabt wird (und daß die eine Gabe nicht besser ist als die andere).

Übersicht der Geistesbegabungen

Geistesgaben – 1. Kor. 12, 8–10	*Motivationsgaben – Röm. 12, 7–8*	*Ämter – Eph. 4, 11–12*
Wort der Weisheit	Weissagung	Apostel
Wort der Erkenntnis	Dienst	Prophet
Glaube	Lehre	Lehrer
Heilung	Ermahnung	Evangelist
Wunderwirkung	Mitteilen	Hirte
Prophezeiung	Vorstehen	
Unterscheidung der Geister	Barmherzigkeit	
Zungenreden		
Auslegung von Zungenreden		

Wie entdecken wir aber nun unsere eigenen Begabungen? Zu diesem Thema gibt es verschiedene Arbeitsbücher, die sehr zu empfehlen sind, z. B. den sogenannten „Gabentest“ von Christian A. Schwarz, der für mich auf diesem Gebiet in Deutschland eine Autorität ist (siehe Anhang). Weiterhin wurde ein Gaben-Fragebogen vom Institut für Gemeindewachstum erstellt, den man ebenfalls bestellen kann.

Es wäre wenig sinnvoll, diese bereits ausgearbeiteten Bücher hier zu wiederholen. Wenn du auf diesem Gebiet mehr in die Tiefe gehen möchtest, solltest du dir am besten eins der genannten Bücher anschaffen. Auf dem obigen Arbeitsblatt haben wir der Vollständigkeit halber eine kurze Übersicht über die verschiedenen Möglichkeiten in diesem Bereich geschaffen. Du bist nun eingeladen, ähnlich wie bei den natürlichen Motivationsfähigkeiten eine Auswahl zu treffen.

Die Vorgehensweise:
1. Mach ein Kreuzchen vor jede Gabe, die dich interessiert.
2. Wähle danach aus den markierten Begabungen die fünf aus, die dich am meisten begeistern (hier wird der wahre Ursprung des Wortes be-GEIST-ern deutlich!).

3. Nachdem du diese fünf Gaben markiert hast, bitte auch hier wieder einen Freund oder Partner, dich anhand der Liste einzuschätzen.
4. Dann solltest ihr erneut die Ergebnisse austauschen und die beiden Listen festhalten. So kommst du zu weiteren Ergebnissen, die dir helfen, dich noch etwas stärker zu konzentrieren.
5. Rede darüber! Wieso? Reden über das, was man gut kann – das tut man doch nicht! Nun, ich lade dich ein, es trotzdem zu tun; natürlich nicht überall, sondern z. B. in deinem Hauskreis. Dies kann bewirken, daß auch andere beginnen, über ihre eigenen Begabungen zu reden. Außerdem liegt darin eine Chance, diese Begabungen zu üben, weil andere sie anerkennen und dir die Plattform bieten, sie anzuwenden.
6. und letztens: Wenn du beginnst sie anzuwenden, wird eine Begabung irgendwann sichtbar anhand der Frucht; denn: wo man die Frucht sieht, erkennt man den Baum.

So könnte es sein, daß du die Geistesbegabung der Weisheit hast. Dann fängst du an, dich mit der Wahrheit und den Grundgedanken der Weisheit auseinanderzusetzen. Wenn du dann beginnst, diese Weisheiten zur richtigen Zeit an die richtige Person weiterzugeben, und sich die Leute trotzdem fragen, was du da gerade für einen unglaublichen Unsinn erzählt hast, dann mußt du dich natürlich fragen, ob diese Begabung bei dir tatsächlich schon gereift ist.

Im vierten Kapitel werden wir die Ergebnisse dieses Bereiches sammeln, um auch diesbezüglich zu einem konzentrierten Ergebnis zu gelangen.

Einsatzmöglichkeiten in der Gemeinde. Wenn du deine Geistesbegabungen entdeckst, dann gibt es die Möglichkeit, daß sich viel mehr Menschen mit diesen Begabungen an der Gottesdienstgestaltung beteiligen. Wenn jedes Mitglied einer Gemeinde sich mit seinen Gaben einbringt, dann ist allen damit gedient. Wenn beispielsweise ein Mensch die Gabe des Glaubens hat, kann er damit die ganze Gemeinde motivieren. Wenn jemand besonders begabt ist, anderen Wissen und Glauben zu vermitteln (Gabe der Lehre), dann profitieren alle davon. Dies ist die Gelegenheit, die Weite, die Tiefe, die Höhe, die Größe der Liebe Christi zu entdecken. Denn alle Geistesgaben sind im

Grunde Äußerungen Gottes, bei denen der jeweilige Mensch als Sprachrohr dient, wenn er sich Gott zur Verfügung stellt und seine Liebe durch sich hindurchscheinen läßt. Was für ein Fest muß es sein, wenn eine Gemeinde diese Liebe gemeinsam immer mehr entdeckt und nicht nur das, sondern sie auch gemeinsam ganz praktisch erfährt!

Zweitens sind die Geistesbegabungen nicht dazu gedacht, sich selbst zu beweihräuchern, sondern sie sind immer Dienst-Begabungen; sie existieren überhaupt nur, um anderen damit zu dienen. Dies ist die Gelegenheit, Menschen innerhalb und außerhalb deiner Gemeinde zu dienen! So können wir in die Gesellschaft hinein wirken als die Augen, die Hände und der Mund Gottes. Als Licht und Salz der Erde!

3. Persönlichkeitsprofil

In den dreißiger Jahren entwickelte William Marston ein System, um die unterschiedlichen Persönlichkeitsstrukturen von Menschen besser beschreiben zu können. Er teilte die Vielfalt der Persönlichkeiten in ein Vier-Quadranten-Koordinaten-System ein. Im folgenden Bild ist dies dargestellt. Die Achsen des Koordinatensystems sind entsprechend der von Marston definierten Einteilung bezeichnet. Innerhalb der so entstehenden vier Quadranten finden sich dann jeweils eine Fülle an Persönlichkeitsstilen, die jeweils durch ähnliche Aspekte gekennzeichnet sind. Die auf diese Art definierten Persönlichkeiten lassen sich kurz so beschreiben:

Links oben finden wir die sogenannten dominanten Persönlichkeiten. Je stärker extrovertiert und aufgabenorientiert eine Person ist, desto eher ist ihre Persönlichkeit innerhalb dieses Quadranten zu finden.

Dominante Persönlichkeiten werden motiviert durch Abenteuer, Geschwindigkeit, Bewegung, durch Ergebnisse und durch die Möglichkeit, Entscheidungen treffen zu können. Man nennt sie auch cholerische Persönlichkeiten.

Im rechten oberen Quadranten finden wir die initiativen Persönlichkeiten. Diese sind ebenfalls abenteuerorientiert, mögen Tempo, Abwechslung und Freiheit, sind aber gleichzeitig stark menschenorientiert. Sie stehen gerne vor Publikum, kommuni-

Das Persönlichkeits-Profil-Modell von W. Marston

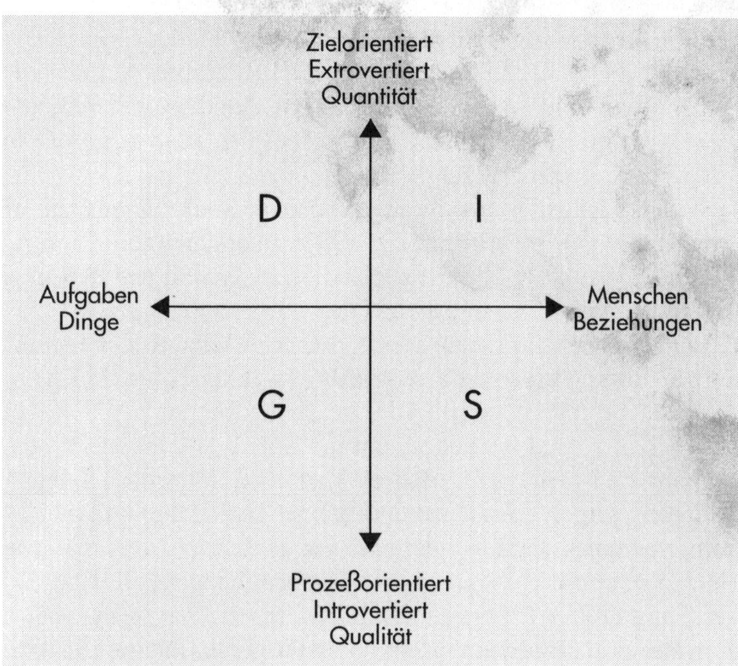

zieren gerne mit vielen Menschen, lieben es, möglichst viele Menschen glücklich zu machen, und sind insgesamt optimistisch dem Leben, sich selbst und anderen Leuten gegenüber eingestellt. Solche Menschen werden auch als Sanguiniker bezeichnet.

Im rechten unteren Feld finden wir die stetigen Persönlichkeiten. Sie werden motiviert durch Prozesse, Qualität, Beständigkeit, Regelmäßigkeit, strukturiertes Arbeiten. Dabei brauchen sie – wie der initiative Typ – bei alledem immer die Begegnung mit Menschen. Das führt dazu, daß diese Personen großen Wert auf Harmonie legen, auf positive und tiefe Beziehungen, auf den Dienst am und mit Menschen, und dies alles am liebsten innerhalb eines kleinen und gut eingespielten Teams. Dieser Typ Mensch wird auch als Phlegmatiker bezeichnet.

Im letzten Quadranten finden wir die gewissenhaften Typen, die, genau wie die stetigen Menschen, durch Prozesse, Qualität,

Beständigkeit und Genauigkeit motiviert werden, dies aber eher in Verbindung mit Sachverhalten und Aufgaben. Das heißt, daß für solche Menschen die Analyse, die Genauigkeit, die Sachqualität, die Pünktlichkeit und die Konzentration auf Details motivierend wirken. Im Gegensatz zu den Stetigen arbeiten diese Personen lieber alleine und ungestört. Man nennt diese Persönlichkeitstypen auch Melancholiker.

William Marsten beschrieb in seinem Buch „Emotions of Normal People" (Minneapolis 1987) über 250 verschiedene Persönlichkeitsstile, die wir alle in diesem System wiederfinden können.

Mittlerweile gibt es auch eine deutsche Version des hieraus entwickelten Persönlichkeitsprofils. Es kann über D.I.S.G.-Training bestellt werden (Adresse siehe Anhang). Wir selbst haben dieses Analyse-Instrument mit über 1.500 Personen ausprobiert und festgestellt, daß es über eine Selbsteinschätzung und -auswertung ein außerordentlich pragmatisches und gleichzeitig genaues Bild wiedergibt. Es gibt auch verschiedene Bücher über die klassischen vier Temperamentstypen (Choleriker, Sanguiniker, Phlegmatiker und Melancholiker, siehe oben), zum Beispiel „Einfach typisch!" von Florence Littauer (Schulte & Gerth), die ebenfalls sehr hilfreich sein können, um die eigene Persönlichkeitsstruktur und die individuellen Stärken und Schwächen besser einschätzen zu können.

Alle diese Persönlichkeits-Analysen können dir sehr viel Wissen und neue Erkenntnisse über dich selbst vermitteln, wenn du sie nicht fälschlicherweise dazu mißbrauchst, jeden Menschen, der dir über den Weg läuft, in irgendeine Schublade pressen zu wollen. Wenn du es richtig anpackst, entdeckst du ganz neu, daß jeder Mensch einzigartig gemacht ist, und zwar mit einer ganz individuellen Kombination von Stärken und Schwächen, aus denen sich dann auch die idealen Umstände ergeben, in denen ein solcher Typ jeweils leben und arbeiten sollte.

An einigen Stellen sind wir diesen Bereichen schon während der Geschichtsanalyse begegnet. Das ist wichtig, damit wir eben nicht nur die Momentaufnahme von heute sehen, sondern die gesamte Entwicklung der Persönlichkeit mit berücksichtigen.

Im Bereich des familiären Erbes haben wir bereits vererbte Persönlichkeitsstärken festgehalten. Hierbei interessieren natürlich diejenigen am meisten, die du bei dir selbst wiedererkannt hast. In der Lebenskurve und ebenso beim Berufs- und Ausbildungsweg haben wir motivierende Umstände festgehalten.

Im folgenden findest du die oben genannten vier Typen etwas genauer beschrieben; ihre Stärken, ihre Schwächen und die Umstände, die sie aufblühen lassen.

Vorgehensweise:
1. Schau dir die beschriebenen Typen genau an. Mache wieder ein Kreuzchen an den Stellen, die dich deiner eigenen Einschätzung nach am besten beschreiben und zu dir passen.
2. Danach such dir die sieben am deutlichsten zu dir gehörenden Stärken, die sieben am klarsten bei dir erkennbaren Schwächen und die sieben dich persönlich am stärksten motivierenden Umstände heraus. Es kann durchaus sein, daß du aus allen vier Typen einige Bereiche mitgenommen hast, normalerweise konzentriert es sich aber auf zwei dieser Typen. 80 % aller Menschen sind eine Mischung aus zwei Typen und nur ca. 20 % kann man als reine D-, I-, S- oder G-Typen beschreiben.
3. Laß dich von jemandem, der dich sehr gut kennt, auf dieselbe Weise einordnen.
4. Setzt euch am besten wieder zusammen und tauscht über die Ergebnisse aus. Sammle dadurch noch mehr Informationen über dich selbst.
5. Es lohnt sich auf jeden Fall, das Persönlichkeits-Profil-System von D.I.S.G.-Training zu kaufen und den Test komplett zu machen (dies hier ist ja nur der erste Versuch einer Selbsteinschätzung). So wird der eigene Persönlichkeitsstil mit Stärken, Schwächen und idealen Umständen noch deutlicher definiert.
6. Es ist nützlich, das ebenfalls über D.I.S.G. zu bestellende Buch „1 x 1 der Persönlichkeit“ (von Lothar J. Seiwert und Friedbert Gay, Gabal-Verlag) sorgsam durchzulesen. Hier wird ausführlich beschrieben, wie man seine Erkenntnisse über sich selbst in den unterschiedlichen Lebensbereichen umsetzen kann.

Die vier Haupttypen von DISG

Dominant	❑ Stärken	❍ ergebnisorientiert ❍ entscheidungsfreudig ❍ liebt Herausforderungen ❍ unabhängig ❍ bringt Dinge ins Rollen ❍ Im Team: richtungsweisender Motor ❍ In Führungsrolle: bringt Dinge ins Rollen, managt Probleme und Unruhen
	❑ Schwächen	❍ ungeduldig ❍ kontaktarm ❍ schlechter Zuhörer ❍ Entscheidungen evt. vorschnell ❍ schwieriger Teammitarbeiter ❍ stellt zu hohe Anforderungen an andere ❍ übersieht Risiken
	❑ Ideale Umstände	❍ Entscheidungsfreiheit ❍ Herausforderungen ❍ große Projekte ❍ selbständiges Arbeiten ❍ möglichst wenig Kontrolle ❍ möglichst wenig Detailarbeit ❍ klare Ziele
Initiativ	❑ Stärken	❍ knüpft Kontakte ❍ verbreitet Optimismus und Begeisterung ❍ kann das Leben genießen ❍ kommuniziert gut und gerne ❍ schafft eine motivierende Atmosphäre ❍ Im Team: stellt Kontakte her ❍ In Führungsrolle: ermöglicht offene Kommunikation, sucht nach Übereinstimmung bei endgültigen Entscheidungen
	❑ Schwächen	❍ abhängig von Anerkennung ❍ unorganisiert ❍ scheut Konfrontation ❍ führt Angefangenes nicht zu Ende ❍ redet zuviel ❍ kann schlecht allein sein ❍ achtet nicht auf Genauigkeit
	❑ Ideales Umfeld	❍ Abwechslung ❍ Menschen ❍ Zeit zum Leben-Genießen ❍ möglichst wenig Detailarbeit ❍ flexible Bedingungen ❍ Gelegenheit zum Kommunizieren ❍ öffentliche Anerkennung

Stetig	❑ Stärken	❍ schafft Harmonie ❍ guter Teamarbeiter ❍ hört gut zu ❍ loyal ❍ schafft stabiles Umfeld ❍ Im Team: harmonisiert, führt spezialisierte Arbeiten aus ❍ In Führungsrolle: unterstützt andere, ihre Arbeit zu tun
	❑ Schwächen	❍ unentschlossen ❍ kann nicht „nein" sagen ❍ zu defensiv ❍ scheut Auseinandersetzung ❍ zu kompromißbereit ❍ stellt eigene Wünsche zu schnell zurück ❍ kommt schwer mit Veränderungen zurecht
	❑ Ideale Umstände	❍ Sicherheit, Stabilität ❍ Zeit, sich auf Veränderungen einzustellen ❍ Arbeit im Team ❍ Anerkennung für die eigene Person ❍ geklärte Erwartungen ❍ harmonisches Umfeld ❍ klare, gute Beziehungen
Gewissenhaft	❑ Stärken	❍ Detailfreude ❍ Qualitätsbewußtsein ❍ denkt kritisch, hinterfragt ❍ ausdauernd ❍ beachtet Regeln und Normen ❍ Im Team: konzentriert auf wichtige Details ❍ In Führungsrolle: legt Wert auf Vollendung von Aufgaben, will, daß Prozeduren befolgt werden
	❑ Schwächen	❍ verliert sich im Detail ❍ Hang zum Perfektionismus ❍ Gefahr, sich auf Beobachterposten zurückzuziehen ❍ „es richtig zu machen" hat zuviel Bedeutung ❍ wenig Flexibilität ❍ trifft Entscheidungen zu langsam ❍ pessimistisch
	❑ Ideale Umstände	❍ geklärte Erwartungen ❍ Regeln, Normen ❍ Begründung für Veränderungen ❍ Anerkennung für geleistete Arbeit ❍ klare Aufgabenbeschreibung ❍ Gelegenheit zum Nachfragen ❍ Aufgaben, die Genauigkeit benötigen

Einsatzmöglichkeiten im Beruf. 1995 veröffentlichte die Kienbaum-Beratungsgruppe eine Studie über insgesamt 2.000 neue Produkte, die innerhalb der letzten zehn Jahre erfolgreich auf dem deutschen Markt plaziert werden konnten. Innerhalb ihrer Untersuchungen hatte man festgestellt, daß 1.600 dieser 2.000 Produkte von nur wenigen, relativ kleinen Unternehmen entwickelt wurden. Dabei handelte es sich um 4 % der Unternehmen. Die restlichen 96 % waren also nur um 400 Produkte bemüht gewesen.

Daraufhin wurde das Untersuchungsteam natürlich neugierig und hat sich noch einmal auf diese 4 % hochkreativer Unternehmen konzentriert. Man stellte daraufhin fest, daß diese Firmen alle drei Dinge gemeinsam hatten: die „drei Schlüssel zum Erfolg".

1. Die Teams bestanden aus unterschiedlichen Persönlichkeiten, die gelernt haben, ihre persönlichen Schwächen durch die Stärken der anderen Teammitglieder auszugleichen. Das heißt, daß sie ihre jeweiligen Stärken nutzten, um gemeinsam zum optimalen Ergebnis zu kommen. Das geht natürlich nur, wenn man diese gegenseitigen Stärken auch kennt und die eigenen Schwächen akzeptiert.
2. Konflikte wurden schnell, offen und fair geklärt. Intrigen waren ein absolutes Fremdwort in diesen Teams. Dies ist nur logisch, denn dort, wo Neid und Intrigen herrschen, wird jede Art von Kreativität getötet. Unterschiedliche Persönlichkeiten kommen durch ihre unterschiedlichen Bedürfnisse normalerweise sehr schnell in Konflikt miteinander. Offensichtlich haben also diese Teams gelernt, mit ihrer Unterschiedlichkeit umzugehen und sich einig zu werden – was durchaus nicht selbstverständlich ist!
3. Die Teams hatten eine konzentrierte Strategie darüber, wie sie ihre Produkte im Markt plazieren wollten, und auch darüber, wie sie ihre „Feinde" besiegen konnten. (Innovation ist in vielen Fällen nichts für Leute „vom Fach", Die Welt; 6. Februar 1993)

Die ersten beiden Schlüssel zeigen uns, wie wichtig es für die Teamarbeit ist, daß man seine eigenen Stärken, Schwächen und idealen Umstände kennt und versteht – aber auch die des anderen. Dadurch kann man als Team wesentlich produktiver und mit erheblich mehr Spaß zusammen arbeiten.

> Dich selbst besser zu verstehen bedeutet unter anderem, dich in allen Bereichen deines Lebens – und ganz besonders auch im Beruf – wesentlich besser einbringen zu können und zu einem produktiven Teil des Teams zu werden.

Des weiteren hilft das Verständnis über die idealen Umstände, in denen du am besten „funktionierst", deinen beruflichen Alltag positiver zu gestalten. Ich selbst bin beispielsweise ein initiativer Typ und brauche daher Abwechslung, Kommunikation, Freiheit, Bewegung und Geschwindigkeit. Ich lebe richtig auf, wenn ich Seminare halte oder innerhalb einer Beratung in eine neue Situation hineinkomme. Im Gegensatz dazu gehe ich förmlich ein, wenn ich im Büro ständig Schritt für Schritt Geduldsarbeit leisten muß.

Was bringt mir diese Erkenntnis? Einerseits weiß ich, wodurch ich motiviert werde, und andererseits, daß ich im Büro über meinen Schatten springen und mich konzentrieren muß, weil Fleißarbeiten mir natürlicherweise nicht besonders liegen. So kann ich besser genießen, was mir Freude macht, und trotzdem das bewältigen, was mir nicht so liegt.

Einsatzmöglichkeiten in der Familie. Wenn ich meine eigenen Stärken, Schwächen und idealen Umstände und die des anderen kenne, ist das die Grundlage, auf der wir beginnen können, wirklich zu kommunizieren. Ein Freund von mir liegt von seinen Bedürfnissen her stark im dominanten Bereich. Seine Frau ist eher stetig orientiert. Wenn diese beiden abends Essen gehen (was nicht oft passiert, weil mein Freund es für unsinnig hält, Geld zu verschwenden für etwas, das man zu Hause viel billiger bekommen kann), läuft das ungefähr folgendermaßen ab: Er entscheidet, wo sie hingehen, und sucht ein Restaurant aus, wo er genau weiß, was er bekommt und wo es zudem auch noch schnell geht. Sie sitzt dann im Lokal, genießt die Atmosphäre und schaut sich die Menschen an, während er sich immer mehr aufregt, daß sie sich jetzt nicht auf ihn konzentriert und die entsprechenden Ergebnisse bringt für den von ihm so teuer bezahlten Abend.

Mittlerweile haben diese Freunde gelernt, mit ihren unterschiedlichen Bedürfnissen und Wahrnehmungsweisen umzugehen. Vor allem versteht er besser, warum es für seine Frau wichtig ist, eine angenehme Atmosphäre um sich zu haben, und daß sie Zeit braucht, um zu reden und neue Dinge anzufangen. Sie hat begriffen, daß er eine gewisse Geschwindigkeit und Abwechslung benötigt und sie sich daher manchmal aufraffen muß, über ihren Schatten zu springen und ein neues Wagnis einzugehen.

Dies ist nur eins von tausend möglichen Beispielen. Häufig entstehen unter Ehepartnern Mißverständnisse, weil sie ganz einfach ihre jeweiligen Bedürfnisse nicht kennen. Mißverständnisse führen über längere Zeit zu Mißtrauen. Mißtrauen führt zu Ablehnung, Ablehnung zu Verachtung – und wenn Menschen sich gegenseitig verachten, dann stirbt die Beziehung allmählich ab.

Die andere Möglichkeit ist, daß man durch die Entwicklung von gegenseitigem Verständnis Vertrauen baut. Vertrauen ist die Grundlage für gegenseitige Annahme. Annahme ist die Grundlage für Respekt. Respekt und Achtung sind die Basis für eine reiche Beziehung.

Der Weg vom Mißtrauen zur Verachtung geht sich sehr leicht, fast automatisch, da er uns Menschen naheliegt. Wir rutschen da einfach so hinein, wenn wir nicht aufpassen. Die Folgen jedoch sind katastrophal. Der Weg über Vertrauen und Verständnis hin zu Achtung und Respekt dagegen ist ein eher mühsamer Weg. Es ist ein Weg der bewußten Entscheidungen, des Aufraffens, des Gemeinsam-daran-Arbeitens. Dieser Weg führt allerdings auch zu einer ungeheuren Lebensfülle und zu unglaublichem Reichtum.

Das Verständnis der eigenen Persönlichkeit hilft bei dieser Grundsatzentscheidung zwischen Vertrauen und Mißtrauen. Dort, wo die Wege sich trennen, setzt das Persönlichkeitsprofil ein und ist ein wirksames Hilfsmittel. Das gilt natürlich auch ganz besonders für die Beziehung zu unseren Kindern und Eltern. Auch sie sind einzigartige Persönlichkeiten. Wir können uns ergänzen oder unglaublich übereinander ärgern.

Einsatzmöglichkeit in der Freizeit. In unserer Freizeit benötigen wir Raum, um regenerieren zu können. Jetzt kann es natürlich sein, daß wir mit unterschiedlichen Personen leben und arbeiten, die dann in der Freizeit unterschiedliche Bedürfnisse haben. Das Wissen um meine idealen Umstände zeigt mir, wo diese Entspannungs-Bedürfnisse bei mir liegen.

Ein intitativer Typ möchte in seiner Freizeit Partys besuchen, während ein gewissenhafter Typ lieber alleine sein will, um sich zu regenerieren. Hier lohnt es sich, einander in Beruf und Beziehungen möglichst viel Freiheit zu lassen und so die Entspannung des anderen möglichst zu unterstützen. Wer sich nämlich in der Freizeit nicht regenerieren kann, holt sich die notwendige Entspannung dann häufig an der falschen Stelle.

Einsatzmöglichkeiten in der Gemeinde. Für die Gemeinde gilt, was wir auch schon beim Beruf gesehen haben. Kreativ-produktiv sind Gemeinden, die gelernt haben, die unterschiedlichen Stärken und Schwächen ihrer Mitglieder zu nutzen und zu akzeptieren – Gemeinden, in denen Konflikte offen und fair gelöst und Intrigen schlichtweg nicht erlaubt und im Keim erstickt werden. Wieviel Spaß macht es, in einer Gemeinschaft zu leben, in der Menschen genau dies gelernt haben! Wieviel leichter finde ich in einem solchen Klima den Platz, den ich wirklich ausfüllen kann.

4. Intelligenzstruktur

Ein junger Mann von 16 Jahren wurde auf seine mentalen Fähigkeiten hin untersucht. Heraus kam, daß er ständig alles vergißt, oft zwei verschiedene Socken trägt, sich unklar ausdrückt und höchstwahrscheinlich zumindest teilweise als mental behindert gelten muß. Ein erschütterndes Ergebnis eines sehr geläufigen und häufig angewandten IQ-Tests.

Dieser junge Mann hieß übrigens Albert Einstein. (Aus: Ted. W. Engstrom & Robert C. Larson: „Seizing the Torch")

Daß Einstein trotz dieses Testergebnisses imstande war, seine eigenen und ganz persönlichen Denkstrukturen weiterzuentwickeln und es sogar dank seiner überragenden Intelligenz zu weltweiter Berühmtheit zu bringen, liegt ganz allein daran, daß er das Beste aus dem gemacht hat, was Gott ihm gegeben hat.

In der heutigen Zeit, in der so viele Informationen verbreitet werden, die dann schließlich auch verarbeitet werden wollen, gibt es auch immer neue Erkenntnisse darüber, wie unser Gehirn funktioniert. „Das Gehirn speichert mit 100 Milliarden Nervenzellen die Erinnerung eines ganzen Lebens. Mit kaum 3 % der Körpermasse verbraucht es 20 % der Energie. Diese 100 Milliarden Nervenzellen (mehr Zellen, als die Milchstraße Sterne faßt) sind durch eine Millionen Kilometer Nervenbahnen miteinander verbunden. Dadurch entsteht eine theoretische Zahl möglicher Kombinationen, die unvorstellbar groß ist: Eine Eins, hinter der 1,5 Millionen Kilometer Null stehen." (Brigitte Röthlein: „Das Gehirn wird entschlüsselt", Hoffmann und Campe).

Um sich sprachlich, logisch, musikalisch, emotional oder motorisch ausgewogen zu entwickeln, braucht der Mensch die richtige Förderung zur rechten Zeit. Man hat festgestellt, daß diese Förderung hauptsächlich innerhalb der ersten neun Lebensjahre stattfinden muß.

„Erst seit wenigen Jahren untersuchen Neurobiologen, Biochemiker, Neuropsychologen und Psycholinguisten die Plastizität unseres Nervensystems und sind zu überraschenden Ergebnissen gelangt. Frühkindliche Erfahrungen strukturieren das Gehirn, formen es wie Knetmasse. Die Qualität und die Menge der *Inputs*, die es in sensiblen Phasen aufnimmt, entscheiden, wie dicht und damit leistungsfähig die neuronalen Strukturen geknüpft werden. In jeder dieser Entwicklungsphasen lernen Kinder bestimmte Fähigkeiten besonders schnell: Bewegungen, Sehen, Musik, Sprache und Emotionen. In diesen Zeitfenstern entstehen Informations-Highways zwischen verschiedenen Hirnarealen, mit denen wir später im Leben zurechtkommen müssen." („Kluge Köpfchen", Focus 10/1996)

Wie kann man diese unterschiedlichen Bereiche bei Kindern fördern?

Musik: Viel mit Kindern singen, ihnen Melodien vorspielen, das Kind mit einem Instrument vertraut machen, wenn es Interesse zeigt. Das Notensystem sollte zur Zeit der Einschulung gelernt werden, weil Kinder in diesem Alter spielend leicht mit Symbolen umgehen.

Sprache: Viel mit dem Kind reden, dabei jedoch Kindersprache vermeiden und die treffenden Begriffe benutzen. Neurowissenschaftler empfehlen, mit einer Fremdsprache schon vor dem 10. Lebensjahr zu beginnen.

Motorik: Gesunde Kinder haben einen natürlichen Bewegungsdrang, klettern, entdecken und bewegen sich regelmäßig und viel.

Emotion: Auch bei Mißerfolg unterstützen und auf diese Weise ein positives Selbstwertgefühl aufbauen." (aus: „Kluge Köpfchen", siehe oben).

Glücklicherweise entwickelt sich unser Gehirn aber nicht nur in der Kindheit, sondern – wenn es weiter stimuliert wird! – sogar bis ins hohe Alter hinein.

„Aufsehenerregende Ergebnisse einer Langzeitstudie in den USA beweisen nun, daß mit den Jahren die geistige Vitalität nicht sinken muß. Dies beobachtete der Psychologe Karl Shaye von der Pennsylvania State University in einer Langzeitstudie an 5000 Männern und Frauen. 35 Jahre lang testete der Wissenschaftler regelmäßig die mentalen Fähigkeiten der Probanden, wie etwa Raumorientierung, Argumentationsvermögen oder Rechenfertigkeit. Die Ergebnisse setzte er mit den individuellen Lebensläufen in Bezug. Ergebnis: Die geistige Fähigkeit verschlechterte sich zwar ab einem Alter von etwa sechzig, einen gravierenden Leistungsabfall des Gehirns erlitten jedoch nur die geistig Trägen. 228 seiner Testpersonen schickte Shaye hingegen regelmäßig zum Gehirntraining und stellte fest, daß sie mit siebzig noch Leistungen wie Sechzigjährige erzielten. Es ist nunmehr empirisch nachweisbar, folgert der US-Psychologe aus seiner Studie, daß die geistige Vitalität im jungen Alter in direkter Relation zum Leistungsabbau im letzten Lebensabschnitt steht. Auch der Lebenspartner trägt dazu bei, gegen den Denkverfall vorzubeugen. Shaye beobachtet bei Teilnehmern seiner Studie, daß eine lebenslange anregende Partnerschaft nicht nur das Argumentationsvermögen, sondern auch Rechenfähigkeit und Raumorientierung im Alter verbesserte. Neuro-Fitness: Wer sein Denkorgan in Bewegung hält, lautet die neue Botschaft, den wird es auch selten enttäuschen. Unser Gehirn ist formbar wie ein Muskel. Bereits zehn Minuten tägliches Hirntraining reichen aus, einen müden Geist wieder in Schwung zu bringen.

Nicht nur das mentale ‚Joggen' tut dem Gehirn gut, auch die Umgebung des Menschen ist mit dafür verantwortlich, ob sein Gehirn munter bleibt.

Brost berichtet von einem Experiment an Ratten, das ebenfalls in den Vereinigten Staaten durchgeführt wurde. Die Auffassungsgabe der Ratten nahm rapide zu, wenn man sie mit unterschiedlichen Generationen zusammen leben ließ. Wurden nur gleichaltrige Ratten zusammengebracht, so nahm schon nach wenigen Monaten die Hirnmasse ab, ließ man aber junge und alte zusammenleben, so blieb das Hirn der älteren Ratten bis ins hohe Alter fit.

Wer daraus schließen möchte, daß Altenheime für Menschen nicht gerade Jungbrunnen für Gehirne sind, könnte durchaus recht haben." (Rubrik Forschung & Technik, Focus 4/1995)

Unser Denkvermögen ist ein Geschenk Gottes und gleichzeitig eine Herausforderung und eine Chance. Es ist offensichtlich genetisch beeinflußt. Allem Anschein nach wird aber die Kapazität und die Weiterentwicklung auch durch unsere Umgebung, unsere Mitmenschen und durch viele selbständig anwendbare Möglichkeiten gefördert und weiterentwickelt. Darüber hinaus ist jeder Mensch auch unterschiedlich in den verschiedenen Denkarten begabt.

Dr. J. P. Guilford, eine der Autoritäten im Bereich der Hirnforschung, der bereits über 120 Bücher zum Thema geschrieben hat, veröffentlichte das sogenannte „Denk-Quader"-Modell, in dem er unterschiedliche Denkstrukturen miteinander verknüpfte. Er hatte die Nase voll von allgemeinen IQ-Tests, bei denen unterschiedlichste Menschen und unterschiedlichste Denkarten über einen Kamm geschoren werden, nur um allgemein folgern zu können, daß 80 etwas besser ist als die Hirnleistung eines Affen, 140 als genial gewertet werden kann, während man mit einem IQ von 160 und mehr eigentlich schon fast durchgedreht sein muß.

Um zu vermeiden, daß solche Fehleinschätzungen wie bei Albert Einstein passieren, entwickelte Guilford ein neues Test-

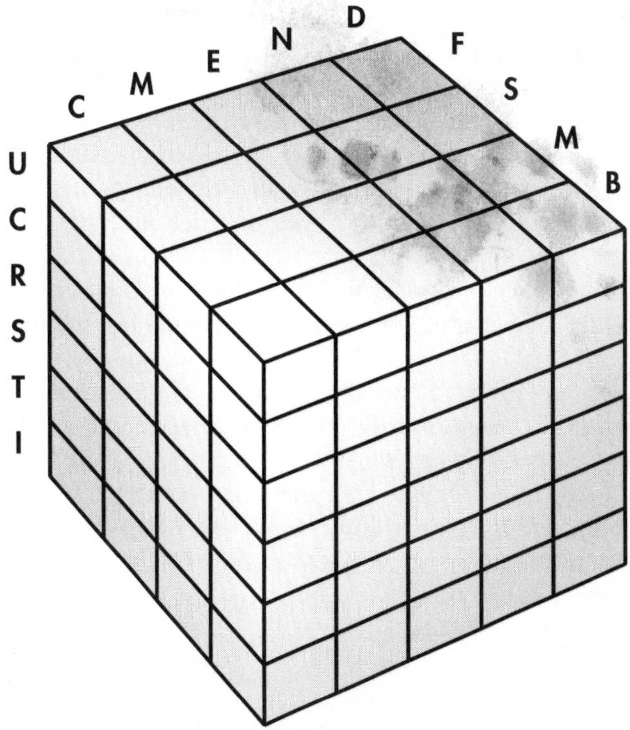

Das Quadermodell der Intelligenz nach Dr. Guilford

Operationen		*Inhalte*		*Ergebnisse*	
C	Erkenntnis	F	Bildlich	U	Details
M	Gedächtnis			C	Kategorien
E	Bewertung	S	Symbolisch	R	Zusammen-hänge
N	Konvergentes Denken			S	Systeme
D	Divergentes Denken	M	Semantisch	T	Transfor-mationen
				I	Implikationen

verfahren, durch das 14 unterschiedliche Denkarten abgeprüft werden. So kann man feststellen, wo genau Stärken und Schwächen liegen.

Guilford unterteilt die verschiedenen Denkarten oder Denkstrukturen in drei Bereiche:

1. Die Denkoperationen: Erkennen, Behalten (Gedächtnis), Bewertung, konvergente und divergente Produktion.
2. Die Lernstile: Bildliches, symbolisches und semantisches Denken.
3. Die Denkergebnisse: Denken in Details, Kategorien, Zusammenhängen, Systemen, Transformationen und Implikationen.

Wir schauen uns die einzelnen Bereiche nun genauer an, um die etwas verwirrenden Begriffe zu verstehen und eine Vorstellung darüber zu bekommen, wo wir vielleicht begabt oder weniger begabt sind. Anschließend werden wir überlegen, wie wir ein spezielles Trainingsprogramm in unsere Lebensplanung aufnehmen können, das unser Denken fit erhält und uns hilft, es sogar noch weiter zu entwickeln.

Denkoperationen

1. Erkenntnis: Die Fähigkeit, bewußt zu beobachten, Informationen aufzunehmen und mit Hilfe des Gedächtnisses zu unterscheiden. Menschen, die hier eine Stärke haben, nehmen Informationen schnell auf und können sie auch entsprechend schnell verarbeiten. Gefördert wird diese Denkart hauptsächlich durch eine gesunde Neugierde. Die intelligenteste Frau der Welt (wenn man das überhaupt so sagen kann) heißt Marilyn Vos Savant. Ihr IQ liegt bei 255. Auf die Frage, wie sie gefördert wurde, anwortete sie: „Meine Eltern hatten eine Kneipe und waren tagsüber fast nie zu Hause. Wir hatten eine Enzyklopädie, in der ich häufig las. Außerdem lernte ich bereits als Kind in einer Phase, in der man extrem neugierig ist, mich an andere Menschen zu wenden. „Frag jemanden“, sagte mein Vater, wenn ich etwas wissen wollte. Ich erfuhr, daß es auf eine Frage viele verschiedene Antworten gibt und alle richtig sein können. Das hatte einen prägenden Einfluß auf mich.“ (Interview „Objektivität wichtiger“, Focus 4/1995). Neugier, die viele Fragen stellt, ist die Basis für den Aufbau unserer Erkenntnisfähigkeit.

2. Gedächtnis: Unser Gedächtnis umfaßt die Fähigkeit, Informationen zu speichern, aber auch das Gespeicherte wieder hervorzuholen, damit wir neue mit alter Information verbinden können. Wer hierin gut ist und ein gesundes und trainiertes Gedächtnis hat, ist sicherer in seiner Kommunikation, in Entscheidungen, in seinem gesamten Auftreten. Das Gedächtnis ist die Basis für die meisten der anderen Denkarten.

3. Bewertung: Bewerten lernen wir schon als Kinder, indem wir eigenständige Entscheidungen treffen und begründen lernen. Wer hierin gut ist, unterscheidet schnell zwischen wichtig und unwichtig, trifft leicht und sicher Entscheidungen, plant und organisiert gern und kauft die Zeit aus. Er besitzt mit dieser Denkart eine Voraussetzung für Führungsaufgaben.

4. Konvergentes Denken: Die Fähigkeit, viele Informationen zu sammeln und sie zu einem Ergebnis zu bündeln. Die entsprechenden Stärken sind dann auch z. B. Dinge auf den Punkt zu bringen, leistungs- und ergebnisorientiert zu denken. Solche Personen sind sozusagen darauf spezialisiert, die jeweils richtige Antwort zu finden. Diese Fähigkeit hilft, eine Antwort auf die Frage zu finden, was jetzt im Moment das Wichtigste ist. Dies unterstützt die Fähigkeit, Probleme schnell und direkt zu lösen.

5. Divergentes Denken: Im Gegensatz zum konvergenten Denken geht das divergente Denken von einem Punkt aus, um sich dann in viele verschiedene Richtungen zu erstrecken.

Ein Beispiel: Was kann ich mit einem Backstein tun? Der konvergente Denker würde sagen: Einen Backstein benutzt man, um ein Haus zu bauen. Punkt. Mehr nicht. Der divergente Denker würde folgende Antwort geben: Ich kann ihn als Briefbeschwerer benutzen, damit Regale bauen, wenn ich Bretter dazwischen lege, ich kann damit ein Haus bauen, ich kann ihn durchs Fenster werfen, ich kann ihn in kleine Stückchen zerschlagen usw.

Informationsfluß – Möglichkeiten

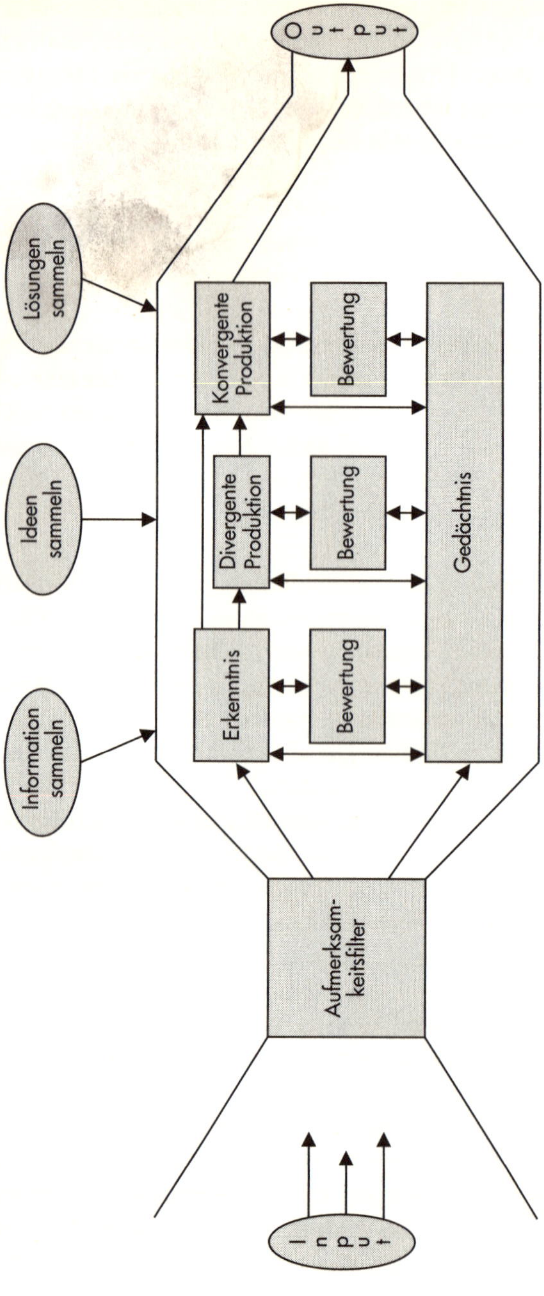

Die Stärke des divergenten Denkers ist es, möglichst viele Lösungen für eine Fragestellung zu bringen. Divergente Denker haben eine große Ideenvielfalt, sind innovativ und kreativ und scheuen sich nicht, außergewöhnliche Wege zu gehen. Diese Fähigkeit wird verstärkt, indem man unterschiedlichste Menschen zu unterschiedlichsten Themen befragt.

Mit Hilfe dieser fünf Basis-Operationen arbeiten wir Informationen grundsätzlich auf, nachdem wir sie in unser Gehirn übernommen haben. Das Schaubild auf der letzten Seite kann das verdeutlichen.

Ganz links in dieser Denkrakete kommt die Information in unser Gehirn herein. Sie muß zuerst einen Aufmerksamkeitsfilter passieren, der entscheidet, was hineingelassen wird und was nicht. Dieser Filter wird bestimmt durch frühere positive und negative Erfahrungen. Danach wandert die Information zuerst zu dem Bereich *Erkennen.*

Manchmal nimmt sie aber auch die Abkürzung und wird direkt ohne Erkennung in das Gedächtnis gespeichert. Normalerweise sollte das aber nicht passieren. Vom Gedächtnis geht die Information zu der Fähigkeit, Dinge zu bewerten, gelangt dann wiederum in die „Abteilung“ Erkenntnis, wo das vollständige Bild über die neue Information entsteht. Von hier wird die neue Erkenntnis weitergegeben an die divergente Produktion, und das Gehirn beginnt mit dieser neuen Information viele neue Möglichkeiten zu entwickeln. Diese Ergebnisse werden wieder mit dem Gedächtnis verbunden, innerhalb des Gedächtnisses mit anderen verglichen und zurückgeführt in die Bewertung. Hier ist das divergente Denken dann abgeschlossen, und die konvergente Produktion setzt ein. Die verschiedenen Lösungsmöglichkeiten werden zusammengebracht, gebündelt, mit dem Gedächtnis gespeichert und erneut bewertet. Dann erst kommen wir zum „Output“ der vom Gehirn als richtig erkannten Lösung oder des durch die beschriebenen Denkoperationen entstandenen Ergebnisses.

Wie du in dem Schaubild erkennen kannst, neigen wir dazu, den Weg über das divergente Denken auszuschließen und lieber vom Erkennen direkt zur konvergenten Produktion übergehen. Dies tun wir, um so schnell wie möglich zu Ergebnissen zu kommen, weil wir in unserer Gesellschaft darauf gepolt werden.

Dadurch verhindern wir allerdings die Ausprägung unseres divergenten/kreativen Denkens. Wir werden später dazu kommen, Möglichkeiten aufzuzeigen, wie man dieses kreative Denken neu lernen bzw. ausbauen kann.

Lernstile

Jeder Mensch hat auch beim Lernen, also beim Aufnehmen und Einprägen von neuen Informationen seinen ganz persönlichen Stil. Die verschiedenen Lernstile kann man sich als die Transportmittel vorstellen, auf denen die Informationen durch die „Denkrakete" transportiert werden. Dies geschieht entweder in Form von realen Bildern, von Symbolen oder Worten. Jeder Mensch ist auch hier wieder unterschiedlich begabt.

Der bildliche Lernstil: Der bildliche Lerner braucht eine beständige Verbindung zwischen Theorie und Praxis. Für ihn ist eine gute Lernatmosphäre wichtig, und er arbeitet gern mit Formen und Farben. Für ihn ist es eine Hilfe, wenn er sich beim Lernen bewegen kann.

Der symbolische Lernstil: Symbole sind Zeichen, die für bestimmte Inhalte stehen. Der symbolische Lerner braucht ein methodisches Vorgehen, wobei die richtige Reihenfolge der Informationen ganz entscheidend ist. Er lernt nacheinander, indem er zuerst Schritt eins, dann zwei und dann drei geht. Er kann gut mit abstrakter Information umgehen.

Der semantische Lernstil: Der semantische Lerner braucht die Übersicht. Er muß sehen, was das gesamte Konzept ist. Er braucht Logik und eine gute Gliederung, damit er irgendwo einsteigen kann und gleichzeitig erkennen kann, wo er sich gerade im Gesamtkonzept befindet. Er kann sich gut ausdrücken und liebt es, mit Worten umzugehen.

Wenn du das Thema Lernstile vertiefen willst (besonders auch im Hinblick auf deine Kinder und eventuelle Lernschwierigkeiten), kann ich dir das Buch „Lernen ist (k)ein Kinderspiel" von Cynthia Tobias (Schulte & Gerth) sehr empfehlen.

Die Denkergebnisse

Hier gibt es sechs verschiedene Ergebnisse, die erzielt werden, wenn Informationen durch unsere „Hirnrakete“ geführt werden. Sie stellen den sogenannten „Output“ dar. Wir beginnen mit den einfachen Ergebnisformen und kommen dann erst zu den komplexeren Arten.

Details: Menschen, die auf diesem Gebiet gut sind, entdecken Fehler sehr schnell, sehen die einzelnen Bestandteile der Information und reagieren darauf. Dies ist ein Weg, Informationen zu Ergebnissen zu bringen.

Kategorien: Wer diese Denkstruktur erlernt hat, kann sich klar und deutlich ausdrücken und ist fähig, Konzepte zu entwickeln. Er hat geordnete Gedanken, und manch einer wirkt nach außen hin auch adrett und ordentlich.

Zusammenhänge: Dies ist die Denkart, die uns befähigt, zwei Aspekte miteinander zu verbinden und die Querverbindungen zu sehen. Sie entdeckt den roten Faden innerhalb einer ganzen Geschichte und kann Ursache und Wirkung voneinander unterscheiden.

Hier merken wir, daß die Vorgänge immer komplexer werden.

Systeme: Systematisches Denken ist eine Form des kreativen Denkens. Wer hier seine Stärke hat, sieht den gesamten Prozeß und erkennt, was hineinpaßt. Er ist in der Lage, kybernetisch zu denken, daß heißt, Engpässe zu finden, die bewältigt werden müssen, damit sich das Ganze weiterentwickeln kann. Dies ist eine Grundlage des Organisierens und die Basis, um Gruppen überschauen zu können. Man sieht fehlende Teile und bringt die Dinge in eine Gesamtperspektive.

Transformation: Transformatives Denken ist die Fähigkeit, das Bekannte in eine neue Situation zu übertragen. Als Folge findet hier ein kreativer Wechsel vom Bekannten zum Unbekannten statt. Wer hier seine Stärke hat, kann Dinge oder Umstände leicht aus einer anderen Perspektive betrachten und sieht sehr schnell auch die Vorteile dieser anderen Sichtweite. Er ist experimentierfreudig und offen für Veränderung.

Als letztes kommen wir zur komplexesten Art der Denkergebnisse, nämlich den *Implikationen:* Dies ist die Fähigkeit, sich schöpferisch in noch unbekannte Bereiche hineinzudenken. Wichtig ist hierbei, daß solche Personen immer einen Schritt weiter sind in ihrem Denken und die Konsequenzen heutiger Aktionen voraussehen können. Solche Menschen sind ebenfalls gut in der Lage, Beziehungen zwischen schon bekannter und noch unbekannter Information herzustellen, die aus diesem Denken folgt.

Soweit hier die Übersicht nach Dr. Guilford. Gemeinsam mit Dr. Mary Meekers entwickelte er dann ein Testverfahren, anhand dessen man feststellen kann, in welchen der beschriebenen Bereiche die jeweiligen Stärken und Schwächen liegen. Dieser Test heißt „Structure of Intellect" und ist seit einiger Zeit in deutscher Übersetzung (beim Power Management Team, Adresse siehe Anhang) erhältlich.

Wir verwenden dieses Analyse-Instrument, um Menschen auch diese Information über sich selbst zugänglich zu machen. Wir bieten eigens Tagesseminare an, in denen es nur um die individuellen Denkstrukturen und Denkarten geht, denn wie du sicher beim Lesen festgestellt hast, ist das ein sehr vielschichtiges Gebiet. Das Ergebnis bringt eine Vorstellung, für welche Berufe ich von meinen Denkstrukturen her am besten geeignet bin, bzw. was ich tun muß, um mich in meinem Bereich weiter zu trainieren und wie ich entsprechende Denkstrukturen ausbilden kann, die für einen bestimmten Beruf benötigt werden.

Denktraining ist eine heilige Aufgabe! Manch einer denkt, daß Denken und Glauben irgendwie im Widerspruch zueinander stehen und daß man, wenn man als Christ leben will, zuallererst glauben und dann – vielleicht – auch noch denken soll. Nun ist das natürlich ein veralteter und vor allem nicht ganz korrekter Ansatz. Heute ist es wohl jedem klar, daß es dringend notwendig ist, das eigene Denkpotential beständig fit zu halten und zu erweitern, um das Leben gestalten zu können. Das diese Erkenntnis nicht neu ist, sondern schon vor tausenden von Jahren mehr als klar war, möchte ich dir ganz kurz aufzeigen.

1. Gott selbst ist der größte, schnellste und kreativste Denker des gesamten Universums. Wenn wir nur einen kleinen Teil der Schöpfung betrachten, dann wird sofort klar, daß sie so unglaublich kompliziert und intelligent entwickelt wurde, daß der, der sie gemacht hat, nur Gott sein kann; dann aber auch ein Gott, der unglaublich intelligent ist. Wenn er uns nach seinem Bilde geschaffen hat, dann haben wir etwas mitbekommen von dieser Fähigkeit zu denken – und von daher auch einen Auftrag, diese Fähigkeit zu entwickeln und einzusetzen.

Sprüche 3 Vers 19: „Der Herr hat die Erde mit Weisheit gegründet und die Himmel mit Verstand befestigt. Durch seine Erkenntnis brachen die Fluten hervor und träufelten die Wolken Tau. Solches, mein Sohn, laß niemals aus den Augen. Bewahre Überlegung und Besonnenheit. Sie werden deiner Seele zum Leben dienen und zum Schmuck deinem Hals."

Denkvermögen und Intelligenz weiter zu entwickeln bewirkt ein langes Leben in Würde und Erfüllung.

2. Gott sagt in seinem grundlegendsten Gebot an uns Menschen: „Liebe Gott den Herrn mit deiner ganzen Kraft, mit deinem ganzen Sinn und deinem ganzen Verstand!" Wenn wir Gott lieben sollen mit unserem ganzen Verstand, kann es nicht in seinem Sinne sein, wenn wir von diesem ganzen Verstand nur etwa 20 % nutzen.

3. Denken ist ein Baustein der Weisheit. Weisheit ist die Zusammenfassung von Erfahrung, Wissen und gelebter Liebe. In Sprüche 8 Vers 12 wird dies sehr schön zusammengefaßt: „Ich, die Weisheit, wohne bei dem Scharfsinn und gewinne die Erkenntnis wohl durchdachter Pläne." Hier sehen wir, daß Gott Weisheit und Scharfsinn zusammenfaßt. Er fordert uns heraus, beides zu entwickeln.

4. Gott, die intelligenteste aller Persönlichkeiten, gibt uns den heiligen Auftrag, unsere Intelligenz zu trainieren. Sprüche, Kapitel 1: „Daß man Weisheit und Zucht erlerne und verständige Reden verstehe. Daß man Gedankenzucht erlange, Rechtssinn, Urteilskraft und Aufrichtigkeit, damit den Einfältigen Klugheit, den Jünglingen Erkenntnis und Besonnenheit verliehen werde. Wer weise ist, hört darauf und vermehrt seine Kenntnisse, und wer verständig ist, eignet sich Fertigkeiten an, damit er Sprichwörter und bildliche Rede verstehe, die Worte der Weisen und ihre Rätsel. Die Furcht des Herrn ist der Anfang der Erkenntnis. Nur Toren verachten Weisheit und Zucht."

Auch hier sehen wir wieder die Kombination der Verarbeitung unserer Geschichte, der Anwendung der Lebensprinzipien Gottes und des Schrittes in die Zukunft, indem wir unseren Verstand trainieren. Wie kann das praktisch aussehen? Drei Ebenen sind hier zu beachten:

1. „Brain-Jogging": Gehirn-Training ist das, was man heutzutage mindestens tun muß, um die Flut an Informationen dauerhaft verarbeiten zu können, die im Beruf und auch in der Freizeit auf uns zukommt. Dies ist auch notwendig, um noch im hohen Alter fit und beweglich zu sein und Spaß zu haben am Leben.

„Brain-Jogging" ist im großen und ganzen das Trainieren der Denkstrukturen, Erkenntnis und Gedächtnis. Schon zehn Minuten Übung täglich entwickeln innerhalb von vier Wochen eine deutlich spürbare Verbesserung in diesen Bereichen. Eine exzellente Form des Brain-Jogging ist es, Bibelstellen auswendig zu lernen. Hier kombiniert man Worte mit Zahlen, Systemen und Inhalten. Dadurch erhält man ein Training unterschiedlichster Denkarten in einem Vorgang – und man wird vertrauter mit Gottes Wort.

Vorgehensweise: Such dir ein Thema aus, das dich besonders interessiert, z. B. Glaube, Geld, Zeit, Freundschaft oder was immer für dich interessant ist. Das ist nötig, um deinen „Aufmerksamkeitsfilter" weit zu öffnen. Such mit Hilfe einer Konkordanz zwanzig Bibelstellen zu diesem Stichwort heraus und ordne sie. Beginne dann, zwei Bibelstellen pro Woche auswendig zu lernen. Nach zehn Wochen hast du alle zwanzig Bibelstellen auswendig gelernt, bekommst garantiert viele neue

Ideen zu deinem Thema und hast zudem in einer hocheffektiven Weise dein Gehirn trainiert. Weitere Beispiele folgen im nächsten Schema.

2. Profi-Training: Hier trainiert man das konvergente Denken, das Bewerten, das Vermögen, Zusammenhänge zu erkennen, das Systemdenken, die Transformation und Implikation. Dies sind sechs der sieben Grunddenkarten, die ich zum Leiten und Führen brauche. Besonders wichtig ist das Training auf diesem Gebiet für Führungspersönlichkeiten; deshalb auch der Name „Profi-Training".

Eine erste gute Trainingsart ist es, Schach zu spielen. Beim Schach werden – wie bei keinem anderen Spiel – sechs Denkarten gleichzeitig angesprochen. Dreimal wöchentlich eine Partie Schach fördert das Denken und die Kommunikation mit dem Spielpartner oder Freund. Um sich selbst und andere immer wieder mit dieser Form des Trainings zu „beglücken", lohnt es sich, ein Reiseschachspiel auf jede Reise mitzunehmen.

Als weiteren Tip kann man freiwillig Aufgaben im Beruf, in der Freizeit, in der Gemeinde oder in der Familie übernehmen, die mit Projekten zu tun haben. Erkläre jemandem dieses Projekt. Entwickle einen strategischen Plan, ein Marketing-Konzept, wie du mit diesem Projekt die Bedürfnisse deiner „Kunden" befriedigen kannst, und einen Aktionsplan, wie du dies mit einem Team innerhalb der nächsten ein bis zwei Jahre erfolgreich abschließen willst.

3. Kreativitäts-Training: Hier werden das divergente Denken und die drei Lernstile (bildliches, semantisches und symbolisches Lernen) trainiert. Ein ausgezeichnetes Trainingsbuch für diesen Bereich ist das Buch von Roger von Oech „Der kreative Kick". Es ist ein exzellenter und systematischer Weg, um als eigentlich „Nicht-Kreativer" kreatives Denken und Handeln zu lernen. Der Autor beschreibt Kreativität als einen Prozeß, in dem man von der Entstehung bis zur Umsetzung vier verschiedene Rollen einnimmt. Als erstes schlüpft man dazu in die Rolle des Forschers. Danach wird man zum Künstler. Die dritte Rolle ist die Rolle des Richters. Als letztes füllt man dann die Rolle des Kriegers aus. Um eine Idee zu bekommen, wie diese Rollen aussehen, werde ich nun jede einzelne mit Hilfe von Zitaten aus dem genannten Buch kurz beschreiben.

Der Forscher: Das ist die Rolle, in der du nach Informationen suchst. Eine Möglichkeit hierzu ist, in ganz andere als die gewohnten Bereiche zu schauen. „Jeder kann in einer Boutique nach Mode suchen oder nach Geschichte in einem Museum. Der kreative Forscher sucht nach Geschichte in einer Eisenwarenhandlung und nach Mode in einem Flughafen." (Roger von Oech, „Der kreative Kick", siehe oben)

Als zweites ist es wichtig, nach möglichst vielen Ideen zu suchen: „Nichts ist gefährlicher als eine Idee, wenn es die einzige Idee ist, die Sie haben." (Emil Chartier, Philosoph)

Drittens: „Töte einen Drachen." Es gibt Bereiche in unserem Leben, vor denen wir Angst haben und die wir daher meiden. Bewußt in so einen Bereich hineinzugehen gibt uns neue Erfahrungen und Ideen. Es könnte beispielsweise die Angst sein, auf eine Party zu gehen, wo man niemanden der Anwesenden kennt. Es könnte die Weigerung sein, an einem bestimmten Sport teilzunehmen. Manchmal sind diese „Drachen"-Ängste berechtigt, manchmal behindern sie jedoch den Forscherdrang, neue Informationen zu entdecken.

Zum vierten: Schreibe alles auf. Eine neue Entdeckung, eine neue Idee, eine neue Information kann sich zu jeder Zeit einstellen. Wenn das der Fall ist, sei bereit, es festzuhalten.

Tips, um anzufangen: Abonniere eine ungewöhnliche Zeitung/Zeitschrift, verbringe einen Morgen in einer Grundschule, verbringe einen Nachmittag in einem Altersheim, gehe einmal zwei Stunden früher zur Arbeit, fahre für einen Tag ein exotisches Auto, besuche ein Bürgerratstreffen, lese ein paar Zeitschriften von 1950, verbringe einen Tag in einer anderen Stadt, studiere alte Geschichte.

Der Künstler: Die Aufgabe des Künstlers ist es, Informationen in neue Ideen umzuwandeln. Zuallererst gilt hier: „Machen Sie etwas daraus! Es gibt Maler, die verwandeln die Sonne in einen gelben Fleck, andere verwandeln einen gelben Fleck in die Sonne." (Pablo Picasso)

Zweitens steckt in jedem Mensch ein Künstler. „Der Künstler ist keine andere Art von Mensch, aber jeder Mensch ist eine andere Art von Künstler." (Eric Gill, Philosoph)

Die dritte Anregung: Brich aus dem Rahmen aus! „Wenn Sie nicht oft genug ‚Warum das?‘ fragen, wird jemand fragen: ‚Warum Sie?‘“ (Tom Hirschfeld, Erfinder). Oder: „Aus heiligen Kühen, die man schlachtet, werden großartige Steaks!“ (Dick Nikolosi, Philosoph)

Als Viertes rät von Oech, etwas erst einmal auszubrüten. „Tun Sie nichts! Lerne, zu pausieren, sonst wird dich nichts einholen können.“ (Dough King, Dichter)

Vielleicht hast du das auch schon gemerkt. Da, wo wir uns entspannen – sei es in der Badewanne, an einem stillen Örtchen, beim Schwimmen oder wo auch immer – kommen uns die meist kreativen Ideen.

Der Richter: Die Aufgabe, eine Idee zu bewerten und zu entscheiden, was mit ihr zu tun ist, übernimmt der Richter. Ich komme nur dazu, ein Richter von Ideen zu werden, wenn ich selbst risikobereit bin. Dazu folgende Gedanken: „Ein Schiff im Hafen ist sicher, aber das ist nicht das, wofür Schiffe gebaut wurden.“ (Grace Hopper, Erfinderin)

„Es liegt eben soviel Risiko darin, nichts zu tun, wie darin, etwas zu tun.“

„Auf Nummer sicher zu gehen hat noch niemandem eine Bedeutung verliehen.“ (Harry Gray, Geschäftsführer)

„Ich wünschte, ich hätte mehr Champagner getrunken.“ (Dies waren die letzten Worte von John Maynard Keynes, Ökonom.)

Der Krieger: Der Krieger ist derjenige, der die Idee umsetzt. Zuallererst gilt hier: „Sei Feuer und Flamme! Der grundlegende Unterschied zwischen einem gewöhnlichen Menschen und einem Krieger ist, daß der Krieger alles als eine Herausforderung nimmt, während der gewöhnliche Mensch alles entweder als einen Segen oder Fluch nimmt.“ (Carlos Castaneda, Anthropologe)

Zweitens: Verkaufen, verkaufen und nochmals verkaufen. „Es ist nicht kreativ, wenn es sich nicht verkauft.“ Dies ist das Motto von Benton and Bowles, einer Werbeagentur. Das gilt nicht nur für Leute, die in der Verkaufsbranche arbeiten, sondern für absolut jeden Menschen. Denn „Verkaufen“ bedeutet nichts anderes, als Waren, oder Ideen „an den Mann zu bringen“ und sie damit sinnvoll zu machen.

Gehirn-Fitness-Programm

Brainjogging

Profitraining

Kreativtraining

Drittens: Sei hartnäckig! „Laßt uns mit Ausdauer in dem Wettkampf laufen der uns aufgetragen ist.“ (Brief an die Hebräer, Kapitel 12, Vers 1)

> „Nichts in der Welt kann Hartnäckigkeit ersetzten. Talent wird es nicht können. Nichts ist verbreiteter als erfolglose Menschen mit Talent. Genialität wird es nicht können. Das verkannte Genie ist schon fast sprichwörtlich. Bildung wird es nicht können. Die Welt ist voll von gebildeten Versagern. Hartnäckigkeit und Zielstrebigkeit allein sind notwendig.“ (Roger von Oech, siehe oben)

Der Grundgedanke dieser vier Rollen innerhalb des Kreativitätsprozesses ist, daß wir lernen, in unserem Alltag kreativer zu denken und zu arbeiten. In der heutigen Zeit ist dies eine der Voraussetzungen, um unser Leben gestalten zu können. Wenn du zurückdenkst an die Aussage, daß wir das Leben nicht mehr als einen Zug mit drei Waggons betrachten dürfen, in denen wir nacheinander lernen, arbeiten und spielen können, sondern daß diese Bereiche das ganze Leben lang parallel nebeneinander herlaufen und wir selbst entscheiden müssen, was wir wann tun sollen, dann wird es dir nicht schwerfallen zu sehen, warum Kreativität und kreatives Denken heute eine absolute Notwendigkeit sind. Kreativität ist aber eine Sache, die wir – Schritt für Schritt – trainieren und erlernen können.

Zum Abschluß dieses Bereiches möchte ich dir Mut machen, das Trainingsblatt auf S. 94 auszufüllen. Lege hier für dich selbst fest, wie du in den nächsten sechs Monaten im Bereich Brain-Jogging, Profi-Training und Kreativität dein Gehirn in eine „topfite“ Verfassung bringen willst.

5. Das Werte-Profil

Unsere Werte kann man am besten über die große Frage nach dem „Warum?“ erklären. Warum leben wir? Warum krabble ich morgens aus meinem Bett? Warum halte ich durch, wenn ich auf Widerstand stoße? Warum bin ich bereit, mein Leben in bestimmte Dinge zu investieren?

Dieses „Warum“ ist die Frage nach den tiefen inneren Werten, die sich – wie wir uns vielleicht vorstellen können – tief unten in unserer Bauch-Gegend befinden. Man könnte auch sagen, daß wir hier unsere Basis- oder Grundmotivation beschreiben.

Weil diese so tief in uns steckt, ist es nicht leicht, sie zu erfassen. Folgende Übung kann dazu hilfreich sein: Stell dir vor, du würdest deinen sechzigsten Geburtstag feiern. Du hättest dazu 25 gute Freunde eingeladen, die dich schon länger kennen. Jeder dieser Leute soll nun sagen, wie er dich erlebt und wie du dein Leben in seinen Augen gelebt hast. Was wünschst du dir, was sollen sie über dich sagen? Drei Fragen dazu, die dich zu diesen Grundwerten führen:

1. Wofür will ich bekannt sein?
2. Was will ich erreicht haben?
3. Wem will ich gedient haben?

In den Antworten auf diese Fragen entdeckst du deine Werte bzw. die Motivation deines Herzens. Nimm dir ruhig Zeit, um diese Fragen zu beantworten.

Nachdem du nun viele verschiedene Dinge aufgeschrieben hast, ist der nächste Schritt, diese in fünf sogenannte Kernsätze zusammenzufassen, fünf kurze und klare Aussagen, die am besten zusammenfassen, was du hier alles beschrieben hast. Diese fünf Kernsätze können deine Grundlage werden, auf der du deine Zukunft aufbauen willst. Schreibe sie auf, halte sie fest, hänge sie in dein Büro oder in dein Schlafzimmer, und halte dir so immer vor Augen, woran du glaubst und was du tun willst.

Sicherlich können sich diese Werte verändern. Daher lohnt es sich, so eine Übung alle drei bis fünf Jahre zu wiederholen.

Bedenke dabei eines: Es gibt unterschiedliche Werteprofile bei unterschiedlichen Menschen, denn jeder Mensch ist einzigartig ausgestattet, auch mit einem einzigartigen Werteprofil. Wenn dein eigenes Werteprofil für dich feststeht, dann heißt das nicht, daß andere dieses Profil bejahen müssen. Sie haben ihre eigene Ur- bzw. Grundmotivation. Das Respektieren dieser Unterschiede ist die Grundlage dafür, gemeinsam etwas Neues entwickeln zu können. Viel Spaß mit diesem Arbeitsblatt!

Mein Werte-Profil

Wofür will ich bekannt sein	Was will ich realisiert haben?	Wem will ich gedient haben?

5 Kernsätze

- ❍
- ❍
- ❍
- ❍
- ❍

Ein gesundes Zusammenspiel von Körper, Seele und Geist setzt einen gesunden Umgang mit dem Körper voraus. Das folgende Schaubild zeigt auf, welche Auswirkungen Fitness (als eine Form des guten Umgangs mit unserem Körper) auf verschiedenste Bereiche unseres Lebens hat.

In diesem Kapitel möchte ich dich gerne motivieren, deinen Körper als eine Gabe und als eine Aufgabe zu entdecken, als eine Chance und Herausforderung, als eine gute Gelegenheit, vieles zu lernen.

Auch die Bibel gibt uns einen Hinweis darauf, wie wichtig der Umgang mit und auch die Ehrfurcht vor unserem eigenen Körper ist. Im 1. Korintherbrief, Kapitel 3, Vers 16 kommt direkt nach der Stelle, die uns herausfordert, unser Leben mit Hingabe und Zuversicht und aus den besten Materialien zu bauen, folgender Vers: „Wisset ihr nicht, daß ihr Gottes Tempel seid und der Geist Gottes in euch wohnt? Wenn jemand den Tempel Gottes verdirbt, den wird Gott verderben; denn der Tempel Gottes ist heilig, und der seid ihr."

Was bringt mir Fitness?

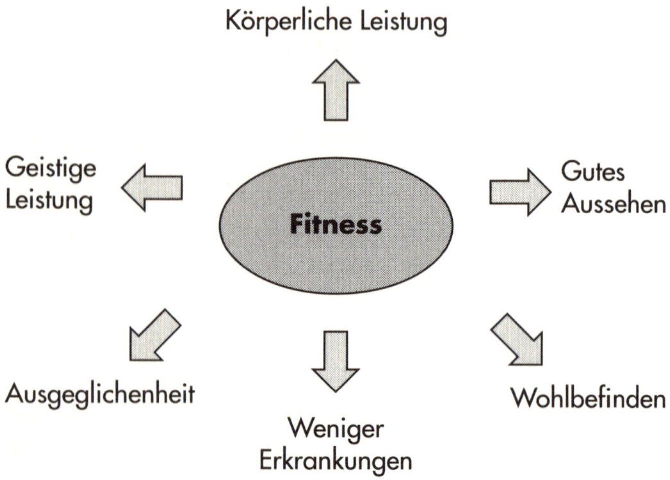

Unseren Körper – also den Tempel, dessen „Hausmeister" wir sind – gut zu versorgen beinhaltet zwei Dinge: Pflege und Fitness.

Der Erfinder der Schönheit hat uns nach seinem Bild geschaffen. Wir sind daher dafür verantwortlich, unseren Körper so gut wir können in Schuß zu halten, denn dadurch geben wir Zeugnis von unserem Schöpfer. Dies ist eine wirklich herausfordernde Aufgabe, denn was die einen zuviel tun, tun die anderen zu wenig. Ich persönlich glaube, daß es für jeden eine persönliche Art der Fitness gibt, die kreativ und wohlwollend gegenüber unserem Körper ist und die uns unseren Körper in seiner optimalen Form gestalten läßt.

Ausgezeichnete Bücher zu diesem Thema sind die Bücher von Bettina und Rainer Wälde, in denen es darum geht, die zu unseren individuellen Farben passenden Kleider zu finden, die unserem Körper eine positive und kraftvoll-vitale Ausstrahlung geben. Der gleiche Körper kann in den falschen Farben schlapp, verwahrlost und unattraktiv wirken (Bettina & Rainer Wälde: „Mut zur Farbe", „Bekennen Sie Farbe", Schulte & Gerth).

Wenn wir das Bild mit dem Tempel beibehalten, können wir uns schon ungefähr vorstellen, wie wir unseren Körper pflegen sollen. Es ist ganz klar, daß ein Tempel sauber und gepflegt aussehen soll, daß eventuell anfallende Reparaturen gleich erledigt werden und der Tempel zu Festtagen auch mal schön geschmückt wird.

Fitness kann man beschreiben als einen gesunderhaltenden Lebensstil, in dem folgende drei Elemente ihren Platz haben:

1. Gesunde Bewegung
2. Gesunde Ernährung
3. Gesunde Beziehungen

Gesunde Bewegung. Es ist schon erstaunlich, was Bewegung alles bewirkt. Trotzdem stellen wir körperliches Training und Bewegung häufig an die letzte Stelle in unserem Lebensprogramm. Wir haben oft einfach wenig Lust, uns an dieser Stelle zu disziplinieren. Daher kann es hilfreich sein, einmal folgende

Mein Fitness-Programm

Gesunde Bewegung	
Regelmäßig Training:	Änderungen in meinem Alltag:
1. Monat:	
2. Monat:	
3. Monat:	

Punkte durchzulesen. Sie beschreiben, was passiert, wenn wir regelmäßig in einem normalen und entspanntem Umfang trainieren:

1. „Durch regelmäßiges Training sinkt auf Dauer die Herzschlagfrequenz. Die Pausen zwischen den Schlägen werden länger, und gerade in den Pausen ernährt sich das Herz selbst mit sauerstoffreichem Blut. Das Infarktrisiko sinkt. Bewegungsmangel ist für rund 50 % aller Herzinfarkte verantwortlich." (Prof. Hollmann)

2. Durch regelmäßiges Training steigt das „gute" HDL-Cholesterin. Das „böse" LDL-Cholesterin sinkt, und damit das Risiko für Arterienverkalkung, Bluthochdruck, Herzinfarkt und Schlaganfall, berichtet das Bremer Institut für Präventivforschung und Sozialmedizin, BIPS.

3. Durch regelmäßiges Training wird das Blut fließfähiger. Das Herz muß nun nicht mühsam die zähe Masse pumpen, kann Energie sparen. Das Risiko für Blutgerinsel und daraus folgende Herzinfarkte und Schlaganfälle wird geringer.

4. Durch regelmäßiges Training sinkt der Blutdruck geringfügig. Prof. Klaus Donath aus Hamburg: „Für einen Dauereffekt ist körperliches Training besser als eine Dauermedikation mit Beta-Blockern (blutdrucksenkende Medikamente)."

5. Durch regelmäßiges Training wird das Herz durch den Abbau von Übergewicht entlastet.

6. „Durch regelmäßiges Training kann der Altersdiabetes Typ II beherrscht werden, da die Insulinrezeptoren wieder sensibler werden", sagt Prof. Hollmann.

7. Durch regelmäßiges Training können wir Streß besser abbauen und verkraften, da die Streßhormone Cortisol, Adrenalin und Noradrenalin langsamer und in geringerer Konzentration ausgeschüttet werden; nebenbei ein weiterer Schutz für das Herz.

8. Durch regelmäßiges Training nimmt die Knochendichte zu, das Osteoporoserisiko ab.

9. Durch regelmäßiges Training werden Infektionen seltener. Viele Studien belegen, daß durch moderates Training die Immunkraft steigt, so der Düsseldorfer Immunologe Dr. Arnold Hilgers.

10. Durch regelmäßiges Training und leichtes Ausdauertrai-

ning, wie zügiges Gehen, Treppensteigen, Wandern, Radfahren, Schwimmen und Ski-Langlauf kann man Herz- und Kreislauferkrankungen, Stoffwechselstörungen und Krebs vorbeugen.

11. Kräftetraining hingegen stärkt den Halte- und Bewegungsapparat, Gelenke, Sehnen, Muskeln, Bänder und Knochen, sagt Prof. Hollmann („Bewegte Momente erhalten Ihre Form", Men's Health, September 1996)

Regelmäßigkeit ist der Schlüssel. Drei- bis fünfmal pro Woche 20–30 Minuten Training sind notwendig, um die oben genannten positiven Effekte zu erzielen. Einige Möglichkeiten, wie man anfangen kann, Schritt für Schritt ein gesundes und entspanntes Training aufzubauen: Kräftiges Gehen statt U-Bahn-Fahren, Joggen, Radfahren, Schwimmen, Treppen steigen statt Aufzug fahren, Trampolinspringen, Rollerskating, Krafttraining.

Ein exellentes Buch für den Einstieg und um ein eigenes Trainingskonzept zu erstellen, ist: „Keine Zeit und trotzdem fit" von Gert von Kunhardt (Brendow Verlag Moers 1993). Der Autor hilft uns mit Witz und Spaß, den eigenen Körper ernstzunehmen, aufzubauen und fit zu machen.

Den Alltag umstellen. Neben regelmäßigem Training gehört zu einem gesunden Lebensstil ein umgestellter Alltag: Umwege gehen, Treppe benutzen statt Rolltreppe und Aufzug, weniger Autofahren, lieber das Fahrrad oder „Schusters Rappen" nehmen, weniger Fernsehen, häufiger Spazierengehen.

Entwickle ein Gespür für die Bewegungsmöglichkeiten im Alltag! Morgens abwechselnd heiß und kalt zu duschen ist schon ein guter Anfang für einen vitalen Tag. Sich auf einem Fuß balancierend zu rasieren oder die Zähne zu putzen stärkt den Gleichgewichtssinn und trainiert die Beinmuskulatur. Sich zu dehnen und zu strecken, wie es Hunde und Katzen tun, lockert Muskulatur, Bänder und Gelenke. Bei der Arbeit nicht soviel zu sitzen, sondern mehr zu stehen kann beispielsweise durch den Kauf eines Stehpultes erreicht werden. Wenn man hier das Telefon plaziert, kann dies eine Hilfe sein, dem Minimum von dreißig täglichen Wechseln zwischen sitzender und stehender Tätigkeit näher zu kommen.

Gesunde Ernährung

Gesunde Ernährung. Auch für die Ernährung gilt, daß weniger oft mehr ist. Einige Grundregeln können hier weiterhelfen:

1. Ausreichende Flüssigkeitszufuhr, d. h. pro Tag mindestens zwei Liter trinken. Hier ist sinnvoll, eher auf natriumarmes Mineralwasser, ungesüßte Tees und verdünnte Fruchtsäfte als auf Limonaden, Kaffee und Alkohol zurückzugreifen. Im Gegenteil: Kaffee, schwarzer Tee und Alkohol erhöhen den Flüssigkeitsbedarf sogar, da sie belastende Stoffe enthalten, die vom Körper über die Blase ausgeschieden werden müssen.

2. Von sogenannten diätetischen Lebensmitteln wie Diätjoghurt, -limonade, -schokolade ist gesunden Menschen grundsätzlich abzuraten. Die hier verwendeten Süßstoffe sind chemische – also künstliche – Produkte, die den Körper mindestens genauso belasten wie der Zucker selbst. Lieber weniger essen, als zu versuchen, sich mit solchen Stoffen selbst auszutricksen („Ich hab den Zucker im Kaffee gespart, jetzt kann ich ja das Stück Schokolade essen ...).

3. Wir Deutschen oder Europäer essen eher zuviel und zu fett. Auf fast jeder Cerealien-Packung (Cornflakes etc.) findet man

heutzutage die sogenannte Ernährungspyramide. Sie besagt, daß man zuallererst Getreideprodukte (Brot, Müsli, Reis und Nudeln) zu sich nehmen sollte (40 % des täglichen Konsums). Vollkornprodukte sind hier übrigens zu bevorzugen. Auf dieser Ernährungsbasis folgen dann Obst, Gemüse und Milchprodukte mit ca. 35 % sowie Fleisch, Geflügel, Fisch und Eier mit etwa 20 % des Tagesbedarfs. Das Schlußlicht bilden dann die reinen Fette (Butter, Margarine, Öl) und die Süßigkeiten, auf die man übrigens theoretisch auch ganz verzichten kann.

Wichtig ist im allgemeinen zu beachten, daß auch mit der Gesundheit ein gutes Geschäft zu machen ist. Laß dich nicht einwickeln von exklusiven Müslifabrikanten und Vertretern einseitiger Diätformen. Eine abwechslungsreiche Ernährung, die jeder Mensch individuell selbst zusammenstellen kann, hat noch niemanden krank gemacht. Die wichtigen Vitamine und Mineralstoffe bekommen wir genauso wie das lebensnotwendige Eiweiß über Milchprodukte, Obst, Gemüse, Fleisch, Geflügel, Eier, Fisch und Getreide.

Auch Nahrungsfette braucht unser Körper, um gesund funktionieren zu können. Wo es geht, ist aber auf Zugaben von Fetten zu verzichten, da viele Lebensmittel schon ausreichend davon enthalten. Fettärmere Zubereitung ist heute über beschichtete Pfannen oder andere Garformen sehr gut und in schmackhafter Weise möglich. Sogenannte hochwertige Fette sind in reinem Sonnenblumen-, Dinkel-, Maiskeim- oder auch Olivenöl enthalten. Der Vermerk „Reich an ungesättigten oder essentiellen Fettsäuren" ist ein guter Hinweis auf ein „gesundes" Nahrungsmittel.

4. Über die Anzahl der Mahlzeiten, auf die man das Essen verteilen soll, sind sich die Experten nicht immer einig. Die neueste Erkenntnis aus Frankreich ist wohl, daß zumindest bei einer Diät doch nur drei Mahlzeiten sinnvoll sind. Sicher ist auf jeden Fall, daß es drei mindestens sein sollten. Es ist aber sicher auch nicht falsch, sich von Frühstück und Mittagessen etwas für eine kleine Zwischenmahlzeit aufzuheben.

Sogenannten „Ernährungsmuffeln" hilft vielleicht folgender Hinweis: Unser Körper hat nur das zur Verfügung, was wir ihm über die Nahrung zuführen. Was du ißt, das bist bzw. wirst du. Wer sich nur von Gummibärchen (Gelatine, Zucker und Farbstoffe) ernährt, wird zwar nicht zu einem Gummibärchen, aber seine Körpersubstanz muß mit wirklich unzureichenden Bausteinen aufrechterhalten werden – dabei gesund zu bleiben ist eine unmögliche Aufgabe für unseren so wertvollen und wirklich genial durchdachten Körper.

Gesunde Beziehungen.

Man hat festgestellt, daß 80 % aller Krankheiten durch Streß begünstigt werden und daß 90 % aller Streßursachen im Bereich von Beziehungen zu finden sind. Wenn das so ist, dann kann man sich vorstellen, daß es sich lohnt, eine sogenannte „Beziehungs-Hygiene" zu pflegen. In der Geschichtsanalyse haben wir das Thema „Furcht des Herrn" im Sinne des Respekts vor Gott und seinen Lebensrichtlinien angesprochen. Diese Lebensregeln ernst zu nehmen bedeutet nichts anderes, als ein Leben lang positive Beziehungshygiene zu betreiben.

Mein Fitness-Programm

Gesunde Beziehungen		
Knoten	Wie will ich sie lösen?	Neue Gewohnheiten, die die Beziehungen schützen sollen

Wir haben hier ein kleines Arbeitsblatt eingebaut, das dich herausfordert, für dein Leben, für deinen Alltag sogenannte Beziehungsknoten zu definieren, die nicht gelöst sind. Als nächstes lohnt es sich, sich Gedanken darüber zu machen, wie man sie doch lösen kann, und drittens, welche positiven Gewohnheiten helfen, um die gestörten Beziehungen wieder herzustellen und durch beständige Pflege gesund zu erhalten.

Ein Beispiel kann sein, daß du dich über einen Kollegen geärgert hast. Das kann dann soweit gehen, daß du innerlich eine echte Abneigung gegen diese Person entwickelst. Das wäre so ein Knoten. Das Sprichwort „Ich habe einen Knoten im Magen" kommt nicht von ungefähr, denn meistens schlägt uns sowas tatsächlich auf den Magen oder beeinträchtigt die Gesundheit auf andere Weise.

Ein Weg, um hier herauszukommen, ist zuallererst mal die ganzen Ärgernisse aufzuschreiben, die dir an seinem Verhalten aufgefallen sind. Zweitens sollte man dann unterscheiden, welche Ärgernisse daher kommen, daß diese Person nun einmal einfach anders ist als ich und andere Schwerpunkte setzt im Leben. Die wenigsten Probleme sind auf tatsächlich böswilliges Verhalten zurückzuführen! Drittens muß ich die Ärgernisse, die aus der Unterschiedlichkeit resultieren, letzten Endes einfach akzeptieren, denn weder der andere noch ich können sie ändern. Viertens lohnt es sich, die Ärgernisse, die ich als böswillig empfinde, zu vergeben. Das geht in einem ganz einfachen Zwiegespräch zwischen mir und Gott. Ich spreche all die Dinge aus, spreche dem anderen Vergebung zu und segne ihn. Fünftens frage ich mich dann, welche Gewohnheiten mir helfen können, dieser Person in Zukunft positiv zu begegnen. Ich könnte z. B. täglich für sie beten und sie segnen; ich könnte eine Liste machen über alle positiven Eigenschaften, die ich an ihr entdecke und diese Liste jede Woche um ein oder zwei Aspekte ergänzen; ich kann mich entscheiden, nicht mehr mit anderen negativ über diese Person zu reden. Sechstens kann ich mir Zeit nehmen, mit dieser Person etwas Schönes zu unternehmen, z. B. einen Kaffee trinken gehen, um mit ihr ins Gespräch zu kommen.

Weil diese 90 % Beziehungsstreß real da sind, muß ich lernen, diesen Streß in einer guten Weise abzubauen. Hierzu gibt es viele Ideen, von denen wir vier herausgesucht haben:

1. Reagiere dich ab. Eine Studie der California State University ergab, daß 30 Minuten Sport innere Anspannungen sofort abbauen.
2. Rede darüber! Die Auseinandersetzung stärkt die Immunkräfte und so die Gesundheit.
3. Die 20 %-Regel: Plane für alles, was du vor hast, 20 % mehr Zeit ein, als du zu brauchen denkst. Das raten amerikanische Wissenschaftler.
4. Verschiebe teure Anschaffungen. Mußt du dich wirklich jetzt für dieses teure Auto „krummlegen"? Dann bleibt deine Gesundheit leicht auf der Strecke. (aus: „Bewegte Momente erhalten Ihre Form", Men's Health, September 1996)

Als Abschlußwarnung finde ich folgenden Satz sehr gut:

> „Wer keine Zeit für Dauerbewegung investiert, muß Zeit für Krankheit reservieren. Dabei kann es soviel Spaß machen, in einem gesunden, fiten und gepflegten Körper die Dinge zu tun, die wir beauftragt sind, zu tun." (Gert von Kunhardt, siehe oben)

7. Unsere Wünsche

Heather Whitestone wurde im Alter von zwei Jahren durch eine Krankheit taubstumm. Als kleines Mädchen konnte sie also nichts hören. Sie hatte einen langen Weg vor sich, bis sie gelernt hatte, sich auszudrücken. Aber auch schon als kleines Mädchen verspürte sie den ungeheuren Wunsch zu tanzen – und zwar für Gott. 1995, 17 Jahre später, wurde Heather Whitestone zur Miss America gewählt. Auf dieser großen Veranstaltung tanzte sie dann zu einer wunderbaren Musik, die sie selbst gar nicht hören konnte. Um trotzdem im Takt mit dieser Musik sein zu können, mußte sie die Partitur komplett auswendig kennen und von Anfang an mitzählen, nachdem sie ihre Hände zu Beginn auf die Lautsprecherboxen gelegt hatte und so den Anfang der Musik spüren konnte.

Eine unglaubliche Leistung, die mit einer unglaublichen Bereitschaft zu tun hat, das Beste aus dem Leben zu machen. Diese

Bereitschaft wurde dadurch belohnt, daß der Wunsch eines vierjährigen Mädchens 17 Jahre später in Erfüllung geht, und dazu noch auf eine Art und Weise, die sie sich nie hätte träumen lassen.

Der Mensch besitzt eine ganz besondere Begabung. Diese Begabung ist die Fähigkeit, *Wünsche* zu haben. Jeder Mensch hat Wünsche, hat die Begabung, Wünsche zu entwickeln. Der eine ist darin stärker, der andere weniger stark, der eine ist im Wünschen ermutigt worden, der andere ist vielleicht durch seine Familiensituation, gehemmt worden.

Es ist interessant zu sehen, daß Wünsche eine Hilfe sein können, um unser Leben zu gestalten. Auch hier finden wir in den Psalmen gute Hinweise darüber, wie man diese Begabung sinnvoll einsetzen kann. Psalm 37: „Vertraue auf den Herrn und tue Gutes. Bleibe im Lande und übe Treue und habe deine Lust an dem Herrn, so wird er dir geben, was dein Herz begehrt.“

Offensichtlich gibt es also Dinge, die ich begehre, Wünsche, die in der Zukunft gemeinsam mit Gott realisiert werden sollen. Psalm 145 Vers 19: „Der Herr ist nahe denen, die ihn anrufen, allen, die ihn in Wahrheit anrufen. Er tut, was die Gottesfürchtigen begehren.“

Wünsche: Bilder der Zukunft

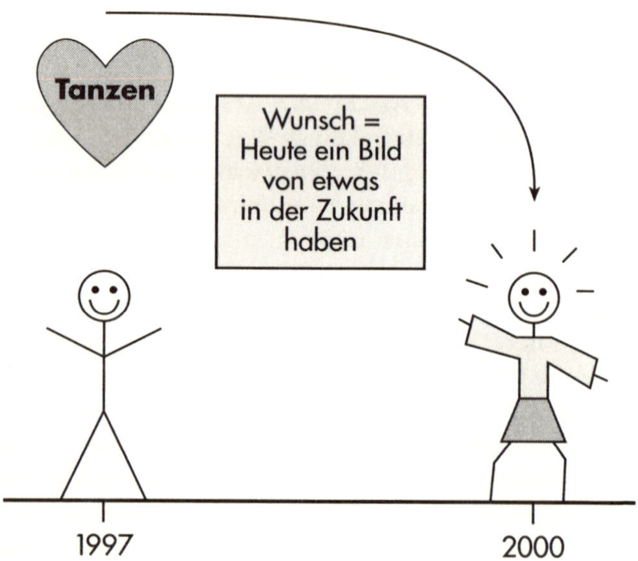

Interessant ist, daß wir auch hier wieder den Begriff „Die Furcht des Herrn" entdecken, diesmal in Verbindung mit Wünschen, die in unserem Leben umgesetzt werden sollen.

Zum Schluß noch ein Zitat: Sprüche 10, Vers 24: „Was der Gottlose fürchtet, das wird ihm begegnen. Der Gerechten Wunsch aber wird erfüllt."

Was entdecken wir hier?

1. Natürlich hat die Erfüllung unserer Wünsche mit einem Lebensstil zu tun, der eines Menschen würdig ist: Einen Lebensstil, indem wir Gott lieben, einander lieben und uns selbst lieben.

2. Wir haben alle die Erfahrung gemacht, daß wir viele Wünsche haben und nicht alle in Erfüllung gehen. Wir sehen aber auch, daß es unter den Wünschen, die in uns schlummern, durchaus welche gibt, die doch erfüllt werden können.

Das Schaubild auf S. 108 will das verdeutlichen. Stell dir vor, du stehst heute hier im Jahre 1997. Da gibt es eine Zeitachse. Du hast einen Wunsch. Du hast sogar viele Wünsche. Ein Wunsch könnte beispielsweise sein, daß du in Zukunft tanzen lernen möchtest.

Dieser Wunsch, den du heute in deinem Herzen trägst, kann ein Bild, eine Vision sein von etwas, das auch in der Realität passieren wird. Das bedeutet folgerichtig, daß einige von diesen Zukunftsbildern oder Wünschen in Erfüllung gehen, weil sie Dinge darstellen, die in der Zukunft auch tatsächlich sein sollen. Solche Zukunftsbilder oder Visionen zu entdecken und zu formulieren hilft mir, wenn ich meine Zukunft plane und eine Perspektive für mein Leben entwickle.

In unserer Internationalen christlichen Management-Schule (ICMS) kamen vor zwei Jahren 27 Männer und Frauen zu einem Seminar zusammen. 20 von ihnen waren Deutsche, und 7 kamen aus den Niederlanden. Alle 27 wurden während dieser Zeit von uns aufgefordert, ihre Wünsche aufzuschreiben, nachdem wir eine Weile über dieses Thema gesprochen hatten. Es war höchst interessant zu sehen, was danach passierte. Die 20 deutschen Teilnehmer, Männer und Frauen in gleicher Weise, setzten sich, senkten ihr Haupt, schauten voller Ehrfurcht auf ein leeres Blatt und waren einige Zeit lang nicht imstande, irgend etwas zu tun. Die 7 holländischen Männer und Frauen nahmen einen Kugelschreiber und ein Blatt Papier und legten wie die Wilden los. Sie hatten offensichtlich riesigen Spaß dabei, so viele Wünsche wie möglich zu formulieren.

Das hat uns zu denken gegeben. Jetzt kann ich hier natürlich nicht von einer empirischen Untersuchung sprechen, aber ich merke, daß die Kulturen, in denen wir aufwachsen, unseren Umgang mit Wünschen beeinflussen. Es könnte sein, daß wir in Deutschland etwas größere Schwierigkeiten damit haben, unsere Wünsche zu formulieren, weil wir sofort überlegen, ob das jetzt richtig ist oder falsch, ob wir das dürfen oder nicht, ob es in unser System paßt, ob die Folgen berechenbar sind oder nicht.

Offensichtlich haben wir es hier mit einer Herausforderung zu tun. Die Herausforderung ist, daß wir lernen, unsere eigenen Wünsche zu verstehen und damit umzugehen, um sie dann auf eine entspannte Art und Weise anzugehen.

Im folgenden möchte ich dir gerne drei Schritte vorschlagen, wie du mit deinen Wünschen umgehen kannst:

1. Entdecken und Formulieren: Hierzu haben wir fünf Arbeitsblätter entwickelt, die dir helfen sollen, deine Wünsche zu entdecken und auszuarbeiten und dabei gleichzeitig dein Potential noch etwas besser zu verstehen. Der Grundgedanke ist hierbei, möglichst viele Wünsche aufzuschreiben und nicht aufzuhören, bis du mehr Wünsche aufgeschrieben hast, als du es normalerweise tun würdest.

2. Sacken lassen: Wünsche, die ich habe, entwickle und auf das Papier bringe, brauchen Zeit, um zu „sacken“. Die Zeit sortiert. Nach einiger Zeit werden unwichtige Wünsche schwächer und wichtige Wünsche stärker werden. Ideal ist es, wenn du diesen Prozeß des Sackenlassens angehst, indem du parallel dazu mit Gott über diese Dinge redest. Bitte ihn, seine Ideen dazuzugeben, mitzusortieren – denn offensichtlich hat er etwas damit zu tun, wie diese Wünsche eingeteilt werden können in solche, die erfüllt werden und solche, die nicht erfüllt werden sollten.

3. Vormerken. Die wichtigsten Wünsche, die sich nach dieser oder auch durch diese Zeit herauskristallisieren, sind jetzt der Rohstoff für die Visionsentwicklung, die als nächster Schritt in diesem Prozeß folgt.

Am besten nimmst du dir genug Zeit. Einen ganzen Nachmittag oder Abend solltest du schon investieren. Sorge dafür, daß du dann fit bist, entspann dich in einer ungestörten Atmosphäre, und dann: los!

Welchen Zielgruppen möchte ich in meinem Leben dienen?

	Zielgruppen (mind. 7), denen ich dienen könnte
	Bedürfnisse dieser Zielgruppen, denen ich begegnen will
	Natürliche Motivationsfähigkeiten, die ich einsetzen würde
	Geistesbegabungen, die ich einsetzen würde
	Persönlichkeitsstärken, die ich einsetzen würde

Welche Berufe würde ich gerne ausüben, wenn ich könnte?

	7 Wunschberufe
	Was interessiert mich daran besonders?
	Natürliche Motivationsfähigkeiten, die ich einsetzen würde
	Persönlichkeitsstärken, die ich einsetzen würde
	Ideale Umstände, die mich motivieren würden

Welchen Dienst würde ich gerne in der Gemeinde tun, wenn ich könnte?

	7 Gemeindedienstwünsche
	Zielgruppen, denen ich dienen möchte, oder Arbeitsbereiche, in denen ich mich einsetzen möchte
	Natürliche Motivationsfähigkeiten, die ich einsetzen möchte
	Geistesbegabungen, die ich einsetzen würde
	Persönlichkeitsstärken, die ich einsetzen würde

Beziehungswünsche

Wie will ich lernen, meine Zuneigung auszudrücken?	Wie möchte ich geliebt werden?
Welche Freundschaften möchte ich aufbauen und pflegen?	**Was will ich dafür tun?**

Freizeitwünsche

Welche Sportart möchte ich erlernen?	Was will ich dafür tun?
Welche Hobbys möchte ich entwickeln?	**Was will ich dafür tun?**
Wie will ich lernen, das Leben zu genießen?	**Was will ich dafür tun?**

KAPITEL 4

WO GEHE ICH HIN?

Ralph Showers war als kleiner Junge lernbehindert, da er sehr schwache Augen hatte. Er trug unheimlich dicke Brillengläser. Sie waren so dick, daß man seine Augen dahinter kaum erkennen konnte. Demzufolge hatte er in der Schule sehr große Schwierigkeiten, überhaupt mitzukommen und wurde als kleines Kind von allen anderen Kindern gehänselt, veräppelt, belästigt, und das in jeder nur denkbaren Form. Nicht unbedingt ein idealer Start ins Leben!

Ralph Showers hatte daher auch selbst absolut keine Perspektive, was er mit seinem Leben anfangen könnte. Als er neun Jahre alt war, kam er in eine Kirchengemeinde und entdeckte, daß Gott ihn persönlich nicht nur begeisternd findet, sondern auch einen Plan für sein Leben hat. So entschied er sich, sein Leben gemeinsam mit Gott zu gestalten.

Von diesem Zeitpunkt an entwickelte Ralph eine Vision: Er wollte das Abitur schaffen. Er arbeitete sehr hart dafür, aber es dauerte sehr viel länger als normal. Er war ungefähr Mitte zwanzig, als er endlich seinen Highschool-Abschluß schaffte. Dann begann er, neu zu fragen, wie es nun weitergehen sollte, wie sein nächster Schritt aussehen könnte. Er entschied sich, Theologie und Psychologie zu studieren. Viele Freunde wunderten sich, daß er noch einmal so einen schwierigen Weg gehen wollte, aber Ralph Showers hatte eine Perspektive.

Nach einer wiederum sehr langen Zeit – länger, als man normalerweise für so ein Studium benötigt – konnte er auch dieses Ziel mit Mitte dreißig erreichen.

In dieser Zeit traf er in New York einen Freund. Dieser Freund hatte einen 18jährigen, schwer lernbehinderten Sohn. Er stand gerade vor der Entscheidung, diesen Sohn in ein Heim zu stecken, wo er weiterlernen könnte, oder selbst für die Weiterbildung seines Sohnes zu sorgen. Als Ralph Showers diesem jungen Mann begegnete, wurde ihm klar, wie seine neue Vision aussehen würde: Einen Zufluchtsort für geistig behinderte Menschen aufzubauen, wo sie eine Ausbildung erhalten können. Er begeisterte schnell einen anderen Freund für dieses Vorhaben und kauft gemeinsam mit ihm ein geeignetes Anwesen. Um genügend Wohnraum auf diesem Grundstück bauen zu können, kauften sie eine komplette Scheune, die auf einem nicht weit entfernten Grundstück stand, ließen diese komplett vom Fundament ablösen, setzten sie auf einen Anhänger und transportierten sie über die Straße zu ihrem eigenen Grund und Boden. Oben auf dieser Scheune saß Ralph Showers mit einem großen Stock in der Hand, um – falls nötig – die dort verlaufenden Telefondrähte zur Seite zu schieben.

Niemand weiß genau, wie es passieren konnte, aber plötzlich waren dort nicht nur Telefonleitungen, sondern Ralph geriet an einen Hochspannungsdraht. Ehe er sich versah, hing er mit beiden Händen an dieser Leitung fest, und eine unglaubliche Stromspannung floß durch seinen Körper. Er wußte vom Psychologiestudium her, daß sein Tod unvermeidlich war, sobald er die Augen schließen würde. Seine einzige Chance war also, die Augen so lange wie möglich offen zu halten.

So hing er also an einer Hochspannungsleitung, und eine tödliche Ladung Strom ging beständig durch seinen Körper, doch er hielt seine Augen geöffnet und sagte sich innerlich immer wieder: „Ich will leben. Ich will weiterleben!“

Irgendwie hat man es dann geschafft, den Stromfluß zu unterbrechen und Ralph Showers ins Krankenhaus zu bringen. Dort mußten ihm beide Arme amputiert werden. Ein Jahr später – Ralph mußte eine längere Therapie mitmachen – war er also nicht nur stark sehbehindert, sondern hatte auch keine Arme mehr. Doch er hielt daran fest, diese Ranch wie ursprünglich geplant aufzubauen.

Mittlerweile ist es nicht bei einer Ranch geblieben, sondern es wurden mehrere solcher Standorte in ganz Nordamerika gegründet. Diese mehr als vierzig Projekte werden alle von Ralph Showers persönlich begleitet und koordiniert.

Welch ein Mut, welch eine Vision und welch eine Hingabe eines Menschen, der sagte: „Mit dem was ich bin und mit dem, was ich kann, will ich das Beste bewirken, um anderen Menschen zu dienen“!

Wenn wir uns nun fragen, „Wo gehe ich hin?“, dann brauchen wir eine Vision, dann brauchen wir eine Motivation, um in die Zukunft hineinzugehen.

Vier Teilschritte gliedern diesen nächsten Punkt in unserem Prozeß, die wir gemeinsam gehen wollen.

1. Puzzleteile sammeln
2. Eine kreative Reise in die Zukunft
3. Visionen definieren
4. Langfristige Zielsetzung

Puzzleteile sammeln

Durch die Betrachtung deiner Geschichte und deines Potentials haben wir viele Puzzlestücke definiert, die wir jetzt und hier sammeln können. Wir beginnen mit dem Bereich der natürlichen Motivationsfähigkeiten aus dem familiären Erbe, der Lebenskurve, des Ausbildungs- und Berufswegs, der Fähigkeitsübersicht, der Zielgruppen-, Berufs- und Gemeindedienstwünsche.

In den folgenden Arbeitsblättern haben wir eine entsprechende „Sammelstelle“ vorbereitet. Die Absicht ist, daß du hier alle deine natürlichen Motivationsfähigkeiten auflistest. In einer weiteren Spalte solltest du jeweils per Strichliste festhalten, wie oft diese Fähigkeiten insgesamt vorkommt.

Der nächste Schritt ist dann, diese Liste zu ordnen. Wir suchen hierbei nach zehn Überbegriffen, denen sich alle Begriffe zuordnen lassen, damit wir am Ende maximal zehn Kompetenzen definiert haben.

Danach kannst du diese zehn Überbegriffe mit Prioritäten versehen und eine sogenannte Kernkompetenz-Pyramide aufbauen. Damit hast du deine natürlichen Motivationsfähigkeiten geordnet.

Den gleichen Prozeß gehen wir durch für den Bereich der Geistesbegabungen, Persönlichkeitsstärken und die idealen, motivierenden Umstände.

Natürliche Motivationsfähigkeiten
Puzzleteilchen sammeln

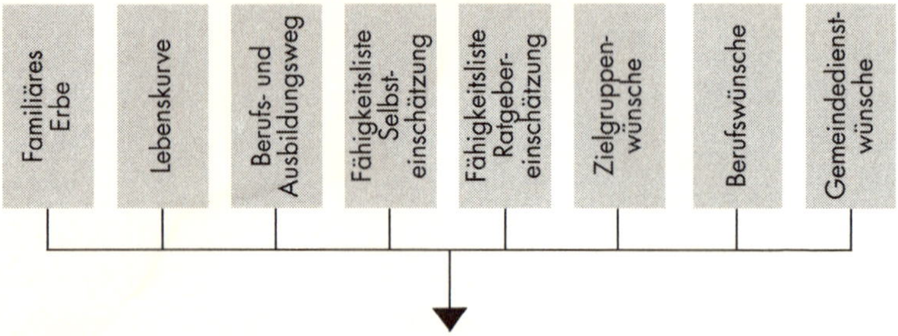

Alle möglichen natürlichen Motivationsfähigkeiten	Häufigkeit

10 Überbegriffe der natürlichen Motivationsfähigkeiten

Prioritätenpyramide

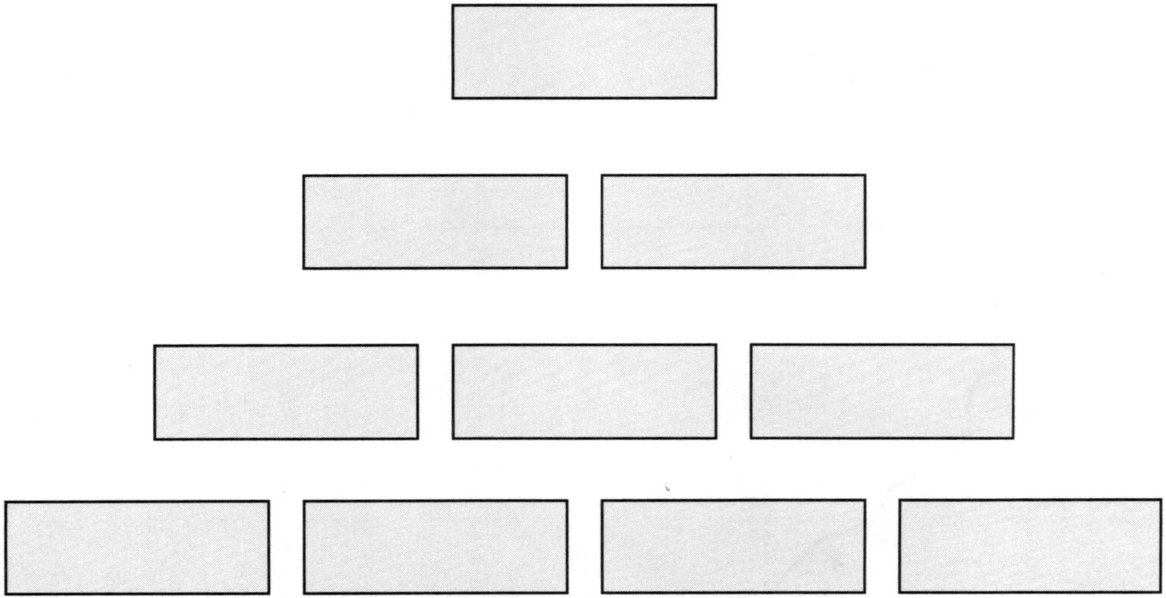

Geistesbegabungen
Puzzleteilchen sammeln

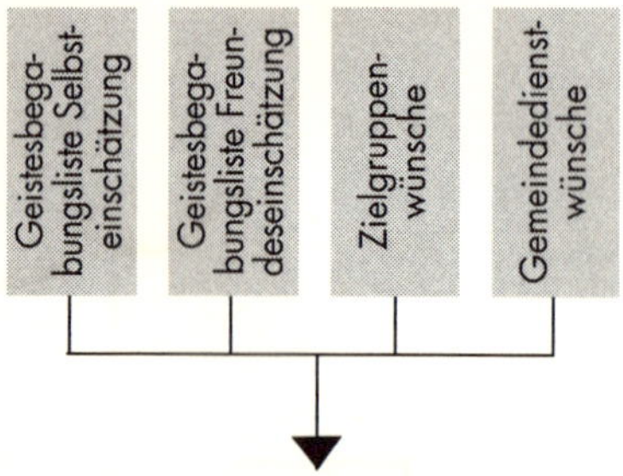

Alle genannten Geistesbegabungen	Häufigkeit

10 Überbegriffe der Geistesbegabungen

Prioritätenpyramide

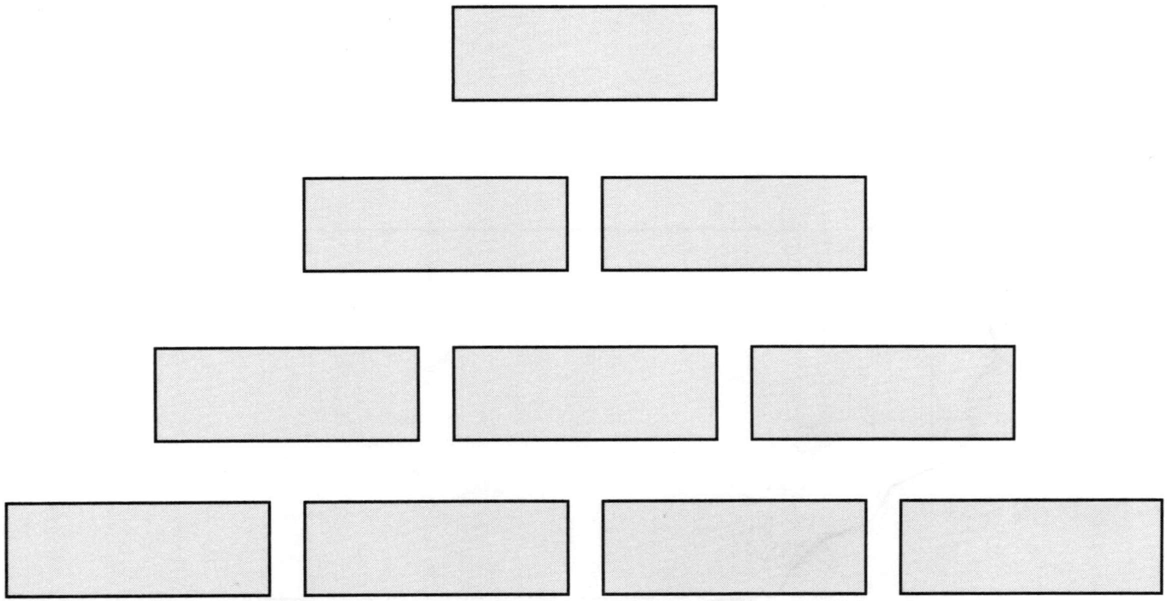

Persönlichkeitsstärken
Puzzleteilchen sammeln

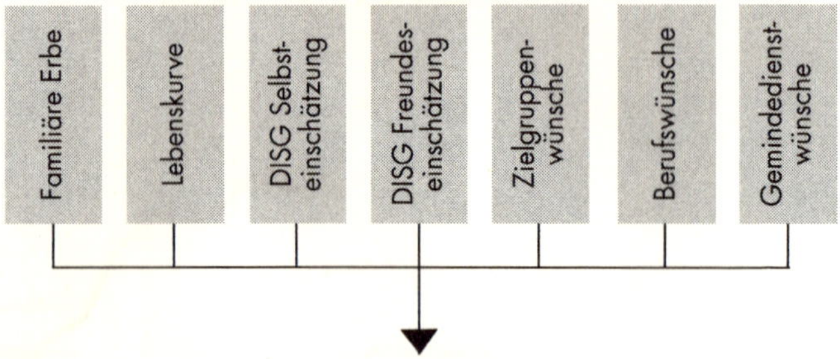

Alle Persönlichkeitsstärken	Häufigkeit

10 Überbegriffe der Persönlichkeitsstärken

Prioritätenpyramide

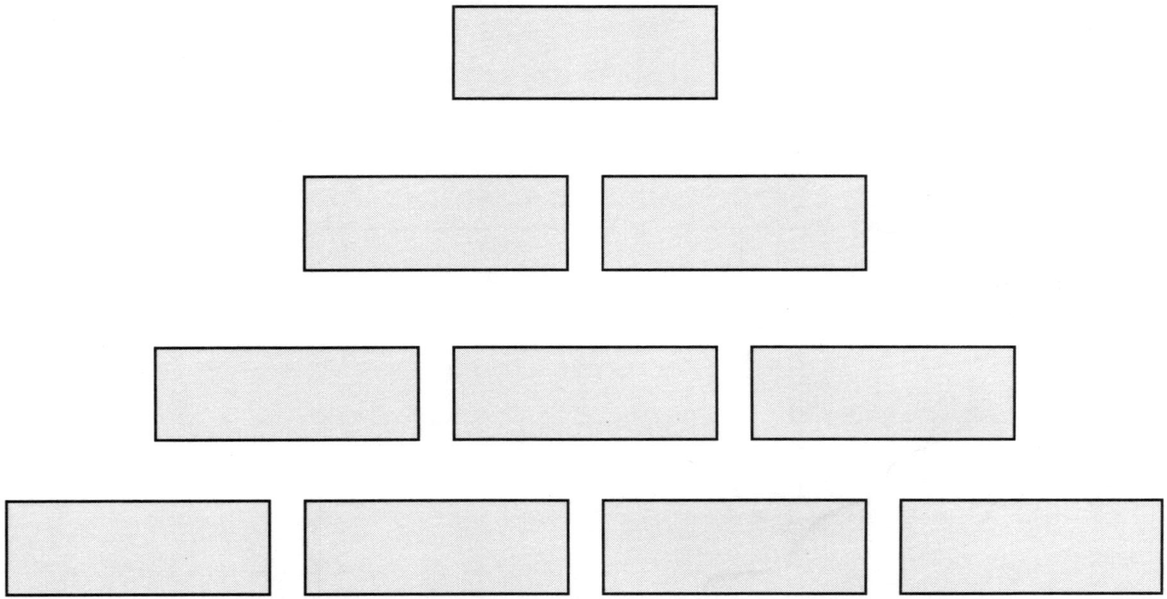

Ideale motivierende Umstände
Puzzleteilchen sammeln

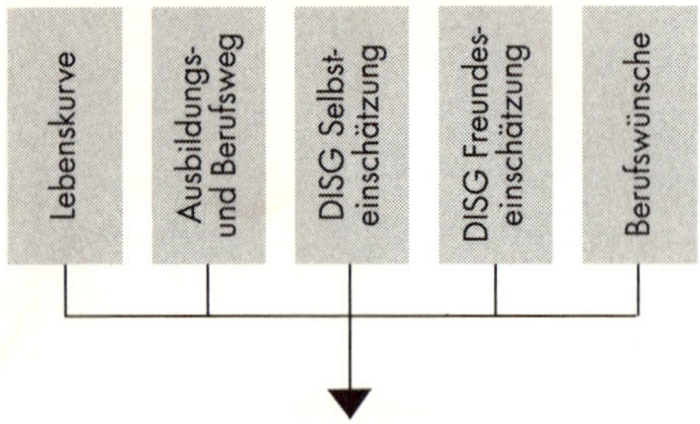

Alle motivierenden Umstände	Häufigkeit

10 Überbegriffe der idealen motivierenden Umstände

Prioritätenpyramide

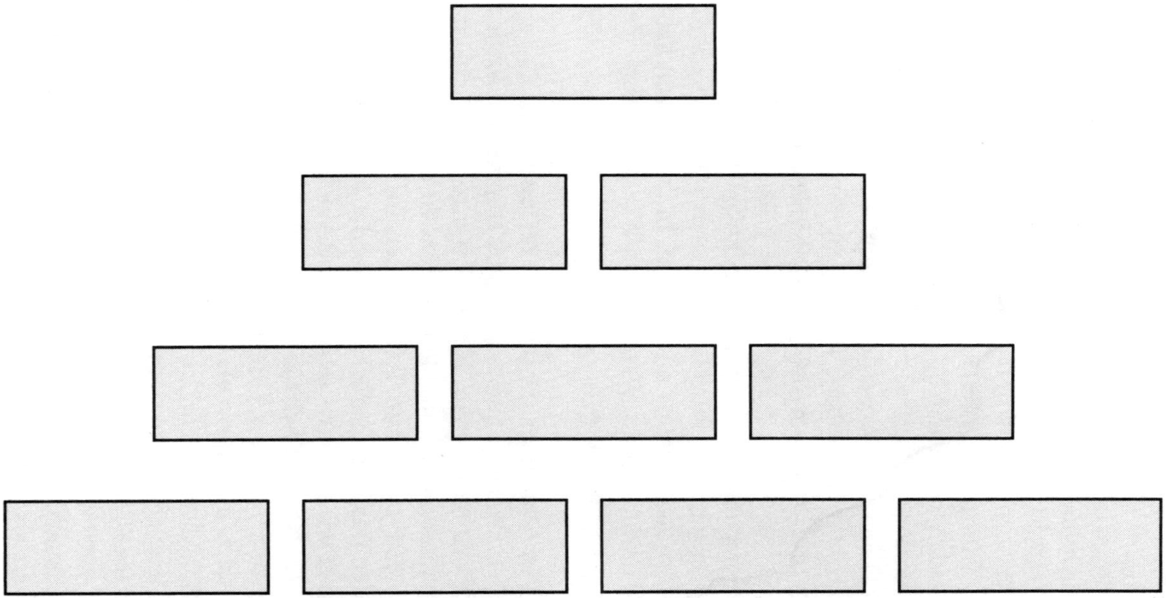

Eine kreative Reise in die Zukunft

Das folgende Arbeitsblatt gibt eine Übersicht über die vor dir liegenden Jahre, die es zu gestalten gilt. Sie ist aufgeteilt in die Bereiche Beruf, Familie, Gemeinde und Freizeit. Nachdem du dich bisher mit deiner Geschichte und deinem Potential befaßt hast, ist die Absicht hier, dich auf eine mentale und kreative Reise in die Zukunft einzulassen.

Eine mentale Reise bedeutet, in die Zukunft hineinzudenken. Welchen Beruf will ich auf welche Weise ausüben, wenn ich fünfzig, sechzig oder achtzig bin? Wie soll sich meine Familie entwickeln? Wenn ich Kinder habe, kann ich hier natürlich leicht beschreiben, wie alt sie sind, wenn ich z. B. fünfzig werde. Wenn ich (noch) keine Kinder habe, kann ich mir ein Ziel setzen, wann ich eine Familie gründen möchte. Im Bereich der Gemeinde kann ich mir Gedanken machen, wie ich dort den Menschen um mich herum dienen will. Das kann mit dreißig anders aussehen als mit achtzig. In der Freizeit kann ich weiterdenken, welche Wünsche ich hier in welchen Zeitabschnitten verwirklichen will.

Vier Gedanken, die dir dabei helfen sollen:

1. Du darfst träumen! Gottes Träume sind sowieso viel größer als deine eigenen. Nutze also diese Möglichkeit zu träumen! Nimm dir Zeit und leg los. Das ist noch keine Planung, das ist kreatives Denken. Wir kommen noch früh genug auf den Boden der Tatsachen zurück. Jetzt ist die Zeit zu träumen. Später werden wir schon wieder in den Bereich der Realität eintauchen.

2. Norman Schwarzkopf sagt: „Es gibt drei Sorten von Menschen: Verlierer, Gewinner und Leiter. Ein Verlierer ist der, der sich selbst immer als Opfer der Gesellschaft, der Zeit und seiner Schwächen sieht. Ein Gewinner ist der, der all diese Dinge als Herausforderung annimmt und das Beste macht aus seinen Möglichkeiten und der ihm zur Verfügung stehenden Zeit. Ein Leiter ist der, der das Unmögliche denkt und möglich macht. Genau dies ist die Herausforderung unserer Zeit: weiterzudenken als das faßbare und reale Heute. Hineinzudenken in die Möglichkeiten oder auch Unmöglichkeiten der Zukunft und dort hineinzuwirken, um das Unmögliche möglich zu machen,

Kreative Reise in die Zukunft

Jahre	Beruf	Familie	Gemeinde	Freizeit
20				
30				
40				
50				
60				
70				
80				

damit eine Vision realisiert wird, damit Leben geschaffen wird, damit Menschen geholfen und die Gesellschaft gesund wird."

3. Jesus sagte: „Sie werden größere Dinge tun, als ich getan habe." Das war und ist eine ziemlich große Herausforderung! Wenn wir aber sehen, was diese zwölf Apostel, diese zwölf Jünger bewirkt haben, ist das im nachhinein ganz selbstverständlich geworden. Diese Jünger haben gemeinsam mit ihren Mitarbeitern das riesige römische Imperium auf den Kopf gestellt. Innerhalb weniger hundert Jahre hatte die Gemeinde die damalige Welt infiltriert und neu geordnet, ihr ein neues, positives und menschenwürdiges Wertesystem verliehen.

4. „Ein Schiff im Hafen ist sicher, aber das ist nicht das, wofür Schiffe gebaut wurden." (Grace Hopper, Erfinderin) Es ist natürlich sicherer, im Schaukelstuhl sitzenzubleiben und zu gucken, was passiert. Aber dafür wurdest du nicht geschaffen! Du bist geschaffen, um ein kreativer Mensch zu sein. Ein Schöpfer schafft etwas, das in die Zukunft hineinwirkt.
Also: Nimm dir Zeit, und trete deine mentale und kreative Reise in die Zukunft an. Der Sinn der Sache ist, ein Verständnis für die Möglichkeiten und Unmöglichkeiten deines Lebens zu entwickeln, aber auch für die Zeit. Viel Spaß dabei!

Visionen definieren

Was ist eine Vision? Eine Vision ist die Antwort auf die Frage: „Wozu bin ich berufen, was, wann und für wen zu tun?"

Wir merken sofort, daß hier das Wort „berufen" eine große Rolle spielt. Ein anderes Wort für Vision kann auch der „Auftrag" sein. Eine Vision kann man mit folgenden Begriffen umschreiben, die alle nicht genau zutreffen, aber verdeutlichen, was wir mit diesem Wort meinen:

> Eine Vision ist ein Wunsch, eine Perspektive, eine Absichtserklärung, eine Leitlinie und eine mentale Reise in die Zukunft.

Das Bild auf Seite 132 macht die Notwendigkeit von Visionen für das Morgen deutlich. Im Mittelalter saß ein Mann auf einem

Hügel und schaute auf eine Kleinstadt herab, in der drei Männer jeweils ein Loch gruben. Jeder der Männer war also mit der gleichen Tätigkeit beschäftigt; die Intensität, mit der sie diese Aufgabe erfüllten, war allerdings sehr unterschiedlich.

Der erste war sehr entspannt dabei und schenkte dem Vogelzwitschern und dem Schönen um sich her mehr Aufmerksamkeit als dem Loch, das er zu graben hatte. Der zweite war ein gewissenhafter Arbeiter und grub zielstrebig und konzentriert Schritt für Schritt vor sich hin. Der dritte war ein begeisterter „Lochgraber". Er hielt kaum einmal im Buddeln inne und strahlte dabei über sein ganzes Gesicht.

Der Beobachter verließ nun seine Aussichtsposition, um die Männer nach ihrer Arbeit zu befragen. Der erste antwortete: „Ich grabe ein Loch." Der zweite meinte: „Ich lege ein Fundament." Der dritte aber sagte: „Ich gehöre zu einem Team, das eine Kathedrale baut!" Offensichtlich hatte der dritte eine Vision.

Wie entwickle ich nun meine eigene und persönliche Vision? Auch hier gibt es wieder drei Schritte.

1. Ordne das Bild! Nach deiner Reise in die Vergangenheit und durch dein Potential haben wir jetzt die Puzzlestückchen entdeckt, die zusammengenommen ein Gesamtbild ergeben sollen. Du kannst beginnen, sie zu ordnen, indem du die verschiedenen Bereiche noch einmal vor dir ausbreitest.

Zuerst wenden wir uns erneut dem Reden Gottes zu. Du solltest nun zusammenfassen, welche Aussagen hier deiner Meinung nach die wichtigsten Hinweise bezüglich deiner Begabungen, Geistesbegabungen und persönlichen Stärken geben. Darauf folgen deine idealen und motivierenden Umstände. Auch diese haben wir bereits zusammengefaßt. Der vierte Bereich sind deine fünf wichtigsten Werte. Der fünfte Bericht ist der rote Faden, den du in deiner Geschichte entdecken konntest. Was sind die Talente, die deine Familie entwickelt und an dich weitergegeben hat, die du in deinem familiären Erbe, in deiner Lebenskurve, in deinem Berufs- und Ausbildungsweg wiedererkannt hast?

Sechstens: Die Wünsche, die du aufgeschrieben hast. Einige von ihnen können Hinweise geben, daß sie in das Bild deiner Vision eingebaut werden sollten.

2. Bete, schreibe und male! Nimm dir Zeit, zur Ruhe zu kommen, und stell dir in dieser Zeit die sechs genannten Bereiche vor, die gemeinsam das gesamte Bild ergeben können. Breite sie vor dir aus und fang an zu schreiben. Fang damit an, deine Vision für den Beruf zu beschreiben. Danach male ein Bild, das darstellen soll, was du innerhalb dieses Bereiches in den nächsten sieben Jahren erreicht haben möchtest. Dieses Malen (ein sehr kreativer Prozeß) hilft uns, neue Facetten der Vision zu entdecken und sie noch deutlicher zu formulieren. Gehe ebenso vor mit den anderen Bereichen Familie, Gemeinde und Freizeit.

Bausteine einer Vision

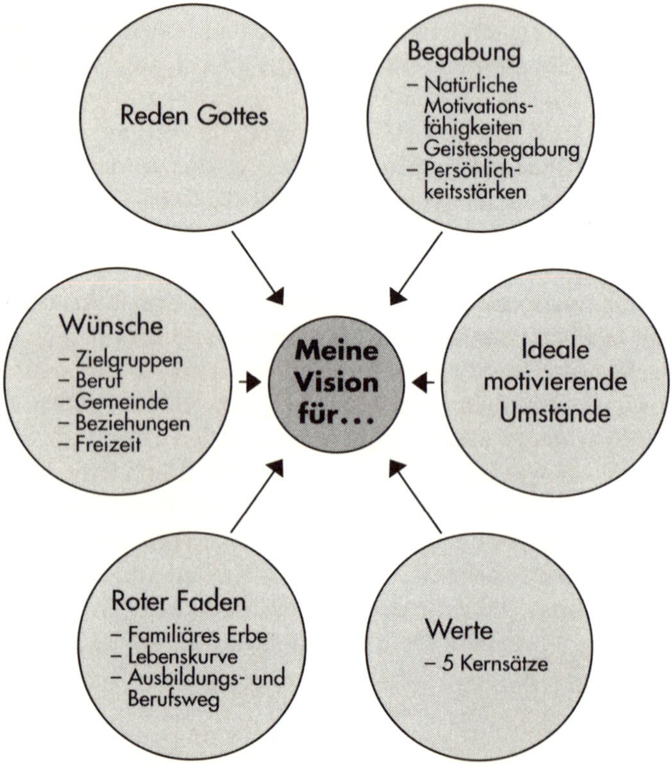

3. Sprich darüber und lerne Neues! Die Bibel gibt uns immer wieder den Hinweis, Ratgeber zu suchen und zu nutzen. In Sprüche, Kapitel 15, Vers 22 sehen wir dies sehr schön zusammengefaßt. „Durch Mangel an Besprechung werden Pläne vereitelt, wo aber viele Ratgeber sind, da kommen sie zustande." Oder Sprüche 20, Vers 18: „Pläne kommen durch Beratung zustande, und mit Überlegung führe Krieg."

Wenn ich das lese, dann denke ich sofort an das Sprichwort: „Viele Köche verderben den Brei." Allerdings reden wir hier über zwei ganz verschiedene Dinge. Viele Köche, die gemeinsam in einem Brei rühren und daran rumbasteln, verderben ihn. Aber wenn ich selbst der Koch bin und mich in meinem Tun beraten lasse, dann bleibe ich doch allein dafür verantwortlich, wie ich diese Suppe würze und zubereite. So kann es sein, daß aus einer Suppe (einem Plan) nichts wird, weil ich nicht beraten worden bin, oder weil ich diesen Plan selbst nicht gut durchdacht habe.

Wir haben bei dem Thema Intelligenz bereits gesehen, daß Gott ein intelligenter Gott ist und uns herausfordert, ebenfalls intelligent zu arbeiten. Eine Form der Intelligenz ist es, immer ein lernender Mensch zu bleiben. Wir lernen zu einem großen Teil von Ratgebern. Ratgeber können beispielsweise unsere Eltern, Freunde, der Partner oder ein Mentor sein. Ratgeber sind Menschen, die uns wohlwollend gegenüber stehen und von denen wir selbst gerne etwas lernen wollen.

Besprich also deine Vision mit einem oder zwei Ratgebern und lerne dabei etwas Neues über dich selbst und deine Vision dazu. Überarbeite dann diese Vision bis zu dem Punkt, an dem du selbst total begeistert bist über das Ergebnis.

Meine Vision für meinen Beruf

Meine vielfarbige Vision . . .

Meine Vision für meinen Beruf

Meine Vision bis . . . (7 Jahre)

Meine langfristigen Ziele bis . . . (2–3 Jahre)

Meine Vision für meine Familie

Meine vielfarbige Vision . . .

Meine Vision für meine Familie

Meine Vision bis ... (7 Jahre)

Meine langfristigen Ziele bis ... (2–3 Jahre)

Meine Vision für meine Gemeinde

Meine vielfarbige Vision ...

Meine Vision für meine Gemeinde

Meine Vision bis ... (7 Jahre)
Meine langfristigen Ziele bis ... (2–3 Jahre)

Meine Vision für meine Freizeit

Meine vielfarbige Vision ...

Meine Vision für meine Freizeit

Meine Vision bis . . . (7 Jahre)

Meine langfristigen Ziele bis . . . (2–3 Jahre)

Langfristige Zielsetzungen

Durch die folgenden Übersichten wird verdeutlicht, welchen Unterschied es machen kann, wenn man langfristige Ziele für sein Leben hat.

Die erste zeigt die Ergebnisse einer amerikanischen Langzeitstudie über 20 Jahre. Die zweite ist eine Darstellung der Unternehmensplanung in Deutschland. In der amerikanischen Studie sehen wir am Beispiel von Harvard-Absolventen, welche Auswirkungen es auf das Leben haben kann, wenn und ob man Ziele für sein Leben formuliert. Die Auswirkungen wurden nach dem finanziellen Wohlstand der Absolventen beurteilt. Natürlich ist finanzieller Wohlstand nur ein kleiner Teil des gesamten Lebensgefühls, spielt dabei aber keine geringe Rolle.

In der zweiten Studie sehen wir, wie unterschiedlich deutsche Unternehmer und Unternehmen arbeiten. Nur 3 % gehen so weit, daß sie jährlich klar formulierte Zielsetzungen aufstellen und diese dann in Aktionspläne gliedern, die diese langfristigen Ziele im Grunde erst realisierbar machen. Danach geben sie diese Aktionspläne an alle Mitarbeiter weiter, damit immer eine bestimmte Person für eine bestimmte Sache verantwortlich ist.

Diese 3 % der Unternehmen machen im Durchschnitt 100 % mehr Gewinn als der Branchendurchschnitt. 12 % der deutschen Unternehmen haben klar formulierte Zielsetzungen, machen diese auch bei allen Mitarbeitern bekannt, aber formulieren keine Aktionspläne und bestimmen demnach auch keine Verantwortlichen für die entsprechenden Teilschritte. Trotzdem machen sie noch 46 % mehr Gewinn als der Branchendurchschnitt. 85 % haben keine klar formulierten Zielsetzungen. Sie haben ihre Ziele im Kopf, nennen sie vielleicht auch und schauen mal, was sich davon wohl realisieren läßt. (Prof. Dr. Arnold Weissmann)

Was für ein Potential liegt noch verborgen in unseren Unternehmen und in unserem Leben, wenn wir nur anfangen, unsere Wünsche und Visionen konkret in klare Zielsetzungen und Aktionspläne umzusetzen! Ich liefere dir einmal die sechs Merkmale eines guten und langfristigen Ziels:

1. Es muß meßbar sein in Zeit, Ergebnis und Kosten.

2. Es muß realistisch und anspruchsvoll sein. Realistisch, denn bei unrealistischen Zielsetzungen ist die Enttäuschung be-

Harvardabsolventen – Langzeitstudie (20 Jahre)

3 %	Klar formulierte niedergeschriebene Zielsetzungen	Finanziell unabhängig
10 %	Allgemeine Ziele	Finanziell komfortables Leben
60 %	Überlebensziele	Leben von Gehaltszahlung zu Gehaltszahlung
24 %	Keine Ziele	Abhängigkeit von finanzieller Unterstützung

Prof. Arnold Weissmann – Studie über deutsche Unternehmen

3 %	Klar formulierte schriftliche Zielsetzungen – in Aktionspläne heruntergebrochen und allen Mitarbeitern bekanntgegeben	100 % mehr Gewinn (gemessen am Branchendurchschnitt)
12%	Klar formulierte schriftliche Zielsetzung – allen Mitarbeitern bekanntgemacht	46 % mehr Gewinn (gemessen am Branchendurchschnitt)
85 %	Keine klar formulierten Zielsetzungen	Branchendurchschnitt

reits vorprogrammiert. Anspruchsvoll soll es sein, damit wir nicht einfach nur das Mögliche möglich machen, sondern auch herausgefordert sind, in den Bereich des „Unmöglichen" hineinzugehen und uns auszustrecken, um die Energie freizusetzen, die uns mit der Begeisterung befähigt, diese Ziele mit Hartnäckigkeit zu verfolgen.

3. Weniger ist mehr! Wer 150 Ziele für sein Leben formuliert, läuft Gefahr, den Überblick zu verlieren und sie daher auch nicht zu realisieren. Darum bemühen wir uns, nur drei bis maximal fünf langfristige Ziele je Lebensbereich, Beruf, Familie, Gemeinde, Freizeit, zu formulieren.

4. Es muß in logische Schritte unterteilt sein. Du siehst, daß wir auf dem betreffenden Arbeitsblatt für jeden dieser Bereiche Raum geschaffen haben, je drei langfristige Ziele zu formulieren, die innerhalb der nächsten zwei bis drei Jahre realisiert werden sollen. Noch vor etwa zehn Jahren hat man Ziele für etwa fünf bis zehn Jahre im voraus geplant. Heute leben wir in einer Hochgeschwindigkeitsgesellschaft die uns nicht mehr erlaubt, so weit vorauszuplanen. Nachdem man also diese drei langfristigen Ziele formuliert hat, sollte man sie in der nächsten Spalte in jeweils logische Schritte unterteilen. Dies sind die sogenannten Aktionspläne. Darauf folgen drei Spalten, die es möglich machen, diese Schritte meßbar werden zu lassen. Eine Spalte steht für die Zeit, eine für die Kosten, und die letzte gibt Raum, um die verantwortliche Person einzutragen. Dies führt uns schon zu der nächsten Voraussetzung:

5. Jedes Ziel und jeder Aktionsplan muß personifiziert werden. Das bedeutet, eine Person hat jeweils die Endverantwortung dafür, daß die veranschlagte Zeit und die geschätzten Kosten zumindest nicht überschritten werden. Sobald wir einen Aktionsplan mit einem oder zwei Teilschritten ohne verantwortliche Person haben, können wir davon ausgehen, daß der gesamte Plan nicht umgesetzt wird. In der heutigen Zeit tun Menschen nur noch das, für das sie durch andere oder freiwillig *bestimmt* worden sind. In unserem Fall würde natürlich hinter den meisten Punkten unser eigener Name stehen. Dies ist wichtig, auch, wenn es manchmal albern aussieht, wenn auf einer Seite 20mal dein eigener Name zu finden ist. So wird auf jeden Fall sehr deutlich, daß es von deiner Selbstverantwortung abhängt, ob diese Schritte auch umgesetzt werden. Natürlich setzen wir auch und grundsätzlich auf Gottes Mitwirken und seine Hilfe. Vielleicht ist es sogar manchmal nötig, daß er uns bremst. Dadurch wird uns aber niemals die Selbstverantwortung abgenommen.

6. Es muß motivierend formuliert sein. Es macht wenig Sinn, sich ein Ziel zu setzen wie beispielsweise: „Ich will nicht noch fetter werden, als ich schon bin." Das ist kein begeisterndes Ziel. Ein Ziel sollte mich – wenn möglich – immer begeistern und motivieren. Anders formuliert könnte das genannte Ziel heißen: „Ich werde in den nächsten sechs Monaten mein Idealgewicht erreichen, damit ich mich rundherum wohlfühle und die neuen Aufgaben meines Berufs mit mehr Spannkraft bewältigen kann."

Und nun noch die fünf wichtigsten Gründe, warum wir nicht gerne Ziele für unser Leben formulieren:

1. Angst vor Enttäuschung. Viele von uns haben sich schon mal etwas vorgenommen, Ziele gesetzt oder am Anfang des Jahres gute Vorsätze gehabt, um dann festzustellen, daß das sowieso nicht hinhauen wird. Das ist immer enttäuschend. Noch enttäuschender ist es, wenn ich dies auch noch schriftlich dokumentiert habe. Wenn ich schriftlich festlege, was mein Ziel ist für dieses Jahr, und ich es nicht erreiche, dann habe ich einen schriftlichen Beweis für mein Versagen. Wer hat dazu schon Lust?

Nun, laß uns das ganze einmal ins Positive umkehren:

Ent-Täuschung bedeutet doch nichts anderes als die Befreiung von einer Täuschung! Ich sehe jetzt klarer. Wenn ich ein Ziel hatte, das zu weit und zu hoch gesetzt wurde, und ich es nicht erreiche, dann entdecke ich, daß ich mich selbst überschätzt habe und das Ziel besser neu und etwas niedriger stecke. Ohne Ent-Täuschung bleibe ich getäuscht und lerne nichts dazu.

2. Keine Lust auf Konsequenzen. Wir Menschen haben normalerweise keine Lust darauf, mit den Konsequenzen einer Handlung oder einem konkreten Bedarf konfrontiert zu werden. Wenn ich keine Ziele setze, dann gibt es auch wenige Konsequenzen und so gut wie keinen Handlungsbedarf. Für meine natürliche Faulheit ist das entspannend, für mein Leben aber zerstörerisch.

3. Unsere Faulheit. Faulheit ist ein verletzender und zerstörerischer Charakterzug. Ich rede hier nicht darüber, daß man sich nicht entspannen oder regenerieren bzw. bewußt Zeit nehmen darf, sich hängen zu lassen oder einfach etwas zu genießen. All diese Dinge sind positive Eigenschaften, die ich erlernen muß, um das Leben in seiner ganzen Fülle gestalten und genießen zu können. Faulheit dagegen ist die bewußte und egoistische Haltung, nicht zu tun, was ich tun sollte. In den Sprüchen gibt es eine einzigartige Aussage über dieses Thema. Kapitel 10, Vers 26: „Wie der Essig für die Zähne und der Rauch für die Augen, so ist der Faule für die, welche ihn senden." Wenn ich einen Mitarbeiter beauftrage, etwas für mich zu tun, und er einfach zu faul ist, es anzugehen, und möglicherweise mit Ausreden kommt, dann ist diese Faulheit verletzend für mich. Der Arbeitgeber wird also durch die Faulheit seiner Mitarbeiter geschädigt. Er spürt das auch ganz genau, kann es aber nicht gut in Worte fassen. Weil er es aber spürt und dies auch immer wieder passiert, geht er auf Abstand und findet immer weitere negative Aspekte an dieser Person. Er verurteilt sie und schottet sich ab von einer tiefen und echten Beziehung, die vielleicht entstehen könnte. Faulheit ist meiner Meinung nach einer der größten Beziehungszerstörer unserer Gesellschaft. Der, der dich und mich gesandt hat – Gott selbst –, wird von uns auf genau dieselbe Art und durch Faulheit immer wieder verletzt. Diese Erkenntnis hat mir die richtige Perspektive gegeben für Faulheit. Faulheit ist nicht lustig, Faulheit ist nicht angenehm – Faulheit ist ätzend. Der richtige Umgang mit Faulheit hat damit zu tun, Disziplin zu lernen und die Frucht dieser Disziplin zu genießen.

Ein Grund, warum wir keine Ziele setzen für unser Leben, warum wir die Dinge nicht auf den Punkt bringen, ist unsere Faulheit. Sie wird häufig durch klare Zielsetzungen ans Licht gebracht.

4. Mangelnde Disziplin. Viele Leute planen nicht, weil sie nicht gelernt haben, sich zu disziplinieren, sich selbst hinzusetzen und zu arbeiten. Hierzu kann ich nur sagen: Lerne, indem du dich selbst trainierst. Trainiere dich, indem du dir kleine Ziele setzt. Fange an, dein Leben in kleine Schritte zu gliedern. Versuch nicht alles auf einmal zu erreichen, sondern gehe Schritt für Schritt. Disziplin lernen wir, indem wir üben und indem wir jemanden bitten, hierin unser Trainer zu sein.

5. Angst vor Entscheidungen. Viele Leute setzen sich keine klaren Ziele, weil sie Angst haben, daß sie sich dann für eine Sache entscheiden und damit gegen die tausend anderen Möglichkeiten. Oder sie haben Angst, sich einfach für das Falsche zu entscheiden. Theodor Roosevelt, ehemaliger Präsident der Vereinigten Staaten, war in seinem Leben sehr erfolgreich. Als achtjähriger Junge war er so stark asthmakrank, daß er nicht einmal die Kerze neben seinem Bett ausblasen konnte. Sein Vater sagte ihm damals: „Junge, du hast einen starken Verstand, aber einen schwachen Körper. Es liegt an dir, ob du diesen Körper trainieren willst, damit er mit deinem Verstand zusammen wirken kann, um die Aufgabe, die Gott dir gegeben hat, zu erfüllen.“ Über tausend Stunden hat der kleine Teddy Roosevelt aufgewendet, um seinen schwachen Körper zu trainieren – und dann wurde er Präsident der Vereinigten Staaten.

Er wurde einmal von einem Assistenten gefragt: „Mr. Präsident, warum sind Sie so erfolgreich?“ Er antwortete: „Weil ich viele richtige Entscheidungen getroffen habe.“ Darauf fragte der Assistent: „Wie haben Sie gelernt, richtige Entscheidungen zu treffen?“ Teddy Roosevelt antwortete: „Durch viel Erfahrung.“ Da sagte der Assistent: „Wie haben Sie diese Erfahrungen gemacht?“ Darauf antwortete der Präsident: „Durch das Treffen von vielen falschen Entscheidungen.“ (Aus: Ted W. Engstrom, „Seizing the Torch“)

Zum Abschluß noch eine kleine Geschichte, die Jesus seinen Jüngern erzählte, als es darum ging, daß sie ihr Leben für ihn einsetzen sollten. Er sagte: „Welcher Mann wird einen Turm bauen, ohne sich vorher hinzusetzen und die Kosten zu kalkulieren, damit er nicht erst zur Hälfte fertig ist und feststellen muß, daß er nicht genug hat, um sein Werk zu vollenden?“ (Lukas 14, 28 ff.)

Berechne die Kosten! Was brauche ich dazu, wenn ich bauen und vorher die Kosten berechnen will? Nun, zuallererst brauche ich einen Plan, der so detailiert wie möglich beschreibt, wie groß das Haus werden soll, wie dick die Wände, wie groß die Räume, welche Art von Türen hineinkommen, wo diese Türen plaziert werden, welche Fenster, welche Sanitäranlagen, welche Treppen, was für ein Fundament, wie der Garten gestaltet werden soll, und, und, und …

Der Plan für ein Haus ist sehr detailiert, bis ins kleinste aufgeschlüsselt, damit ich überhaupt planen und die Kosten berechnen kann. Je genauer der Plan, um so genauer die Kostenberechnung.

Wenn Jesus uns nun sagt, daß wir die Kosten überschlagen sollen, dann bedeutet das doch, daß wir zunächst einmal einen Plan machen müssen, um überhaupt eine Idee über die entstehenden Kosten bekommen zu können. Und genau dabei will unser Buch dir helfen.

Viel Spaß also beim Pläne-Machen und beim Ausarbeiten der Visionen bis hin zur Realität.

Persönliche Projekte – Beruf

Langfristige Zielsetzung	Logische Schritte	Zeit	Datum	DM	Verant-wortlich

Persönliche Projekte – Familie

Langfristige Zielsetzung	Logische Schritte	Zeit	Datum	DM	Verant-wortlich

Persönliche Projekte – Gemeinde

Langfristige Zielsetzung	Logische Schritte	Zeit	Datum	DM	Verantwortlich

Persönliche Projekte – Freizeit

Langfristige Zielsetzung	Logische Schritte	Zeit	Datum	DM	Verant-wortlich

Kapitel 5

Wie trainiere ich mich selbst?

„Wer eine Sache tut, ist erfolgreicher als der, der nur von tausend Sachen weiß". (PMT)
„Die Welt ist voll von gebildeten Versagern!" (Roger von Oech)
„Ich vergesse, was dahinten ist und strecke mich aus nach dem, was da vorne ist und jage nach dem Ziel, dem Kampfpreis der himmlischen Berufung in Christus Jesus!" (Phil 3,13)

Es gibt bei der Frage „Wie trainiere ich mich selbst?" drei Bereiche, die wir uns nun genauer anschauen wollen:

Der Spielplan

Als Grundlage benötigen wir hier die Visionen, die wir für die verschiedenen Lebensbereiche definiert haben, sowie die damit verbundenen langfristigen Ziele. Darauf aufbauend werden wir nun festlegen, was wir innerhalb des nächsten Jahres tun wollen, um diese Ziele zu realisieren.

Wenn wir hier über den Spielplan reden, dann reden wir über Dinge, die für uns im Beruf, in der Familie, in der Gemeinde und in der Freizeit wichtig sind. Folgendes Diagramm, das von dem ehemaligen Präsidenten der USA, Dwight Eisenhower, entwickelt und nach ihm benannt wurde, ist hierbei eine enorme Hilfe.

Eisenhower hatte als Präsident so unglaublich viel zu tun, daß er nach einer Möglichkeit suchte, all diese Aufgaben in verschiedene Kategorien einteilen zu können. Das Ergebnis entstand wie folgt: In dem Diagramm werden Aufgaben nach rechts hin immer dringlicher, nach oben hin immer wichtiger. Im rechten oberen Kästchen findet man also besonders wichtige

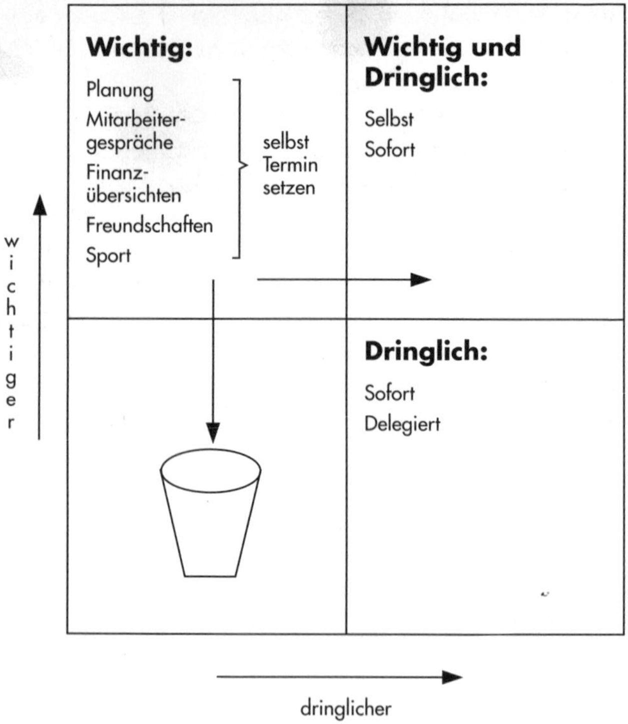

und dringliche Aufgaben. Diese Aufgaben muß ich erstens selbst erledigen, da sie für meinen Aufgabenbereich wichtig sind. Zweitens muß ich sie sofort angehen, denn sie sind auch sehr dringlich. Wenn ich sie nicht erledige, dann erledigt sie niemand. Das birgt eine große Gefahr in sich und schafft häufig Verärgerung.

Im rechten unteren Kästchen befinden sich die Aufgaben, die nur dringlich sind. Dies sind die Aufgaben, die zwar insgesamt gesehen wichtig sind, aber es ist nicht nötig, daß ich mich selbst darum kümmere. Sie müssen allerdings sofort erledigt werden. Hier eignet sich der Vorgang des Delegierens. Wir stecken häufig relativ viel Zeit in dieses „Kästchen", die im Grunde verloren ist. Wir müßten es ja nicht selbst erledigen, wir finden aber, daß es schneller geht oder besser ist, wenn wir uns selbst darum kümmern. Es lohnt sich, sich innerhalb der verschiedensten Aufgabengebiete und Lebensbereiche immer wieder zu fragen, ob man die eine oder andere Sache nicht delegieren kann. Gibt es andere, die dies gerne und ebenso gut oder besser machen als ich? Welche der bestehenden Aufgaben kann ich in diesem Jahr aus der Hand geben?

Das linke untere Kästchen beinhaltet Aufgaben, die weder dringlich noch wichtig sind. Sie gehören eigentlich in die sogenannte „Rundablage" – das ist der Papierkorb! Manch ein Katalog, überflüssige Protokolle oder Werbesendungen muß ich überhaupt nicht genauer anschauen, sondern ich kann nach einer Sekunde Aufmerksamkeit feststellen, daß sie eigentlich total unwichtig sind und weggeworfen werden können. Leider verschwenden wir auch hier wieder viel Zeit, weil diese Dinge erstens keine Verantwortung erfordern und zweitens überhaupt nicht anstrengend sind. Deshalb sind dies so anziehende Aufgaben, die aber nicht in unseren Bereich gehören und nur unnötig Zeit kosten.

Das linke obere Kästchen beschreibt den Bereich der wichtigen, aber noch nicht dringlichen Aufgaben. Hierzu gehören Dinge wie Planung, Mitarbeitergespräche, Finanzübersichten, Freundschaften, Sport und viele weitere wichtige Dinge. Diese Dinge kann ich im Notfall aufschieben. Wenn ich sie heute nicht angehe, passiert noch nichts Gravierendes. Das Problem ist allerdings, daß es sich hier um ein „Wanderkästchen" handelt. Es wandert z. B. in bestimmten Situationen nach rechts und ist damit plötzlich wichtig und dringlich und sorgt für eine ständige Überlastung. Die Folge ist, daß wir im Grunde nur noch das Leben eines Feuerwehrmannes führen, der beständig damit beschäftigt ist, zu löschen, wo es gerade brennt. Überall dort, wo es raucht, da sind wir zu finden.

Es kann auch sein, daß sich dieses Kästchen nach links unten bewegt in den Bereich „nicht wichtig und nicht dringlich". Somit haben sich die Aufgaben sozusagen von selbst erledigt. Manch einer sagt vielleicht: „Wenn ich einen großen Stapel Arbeit auf meinem Schreibtisch liegen habe, dann lasse ich ihn einfach drei Monate so liegen. Danach hat sich der Stapel auf die Hälfte reduziert. Die andere Hälfte hat sich automatisch erledigt."

Die Gefahr liegt hier darin, daß Aufgaben, die sich „von selbst" erledigen, sehr viel Frustation bei anderen Menschen auslösen. Ich *muß* beispielsweise nicht mit meiner Frau reden.

Niemand stirbt, wenn ich das nicht mache. Wenn ich das eine Weile so durchziehe, brauche ich vielleicht tatsächlich nicht mehr mit ihr zu reden, weil sie mich inzwischen verlassen hat. Somit hat sich diese wichtige Aufgabe von selbst erledigt!

Wie hoch ist der Preis für diese Aufgaben, die sich „von ganz allein“ erledigen? Ich muß keine Mitarbeitergespräche führen. Wenn meine Mitarbeiter aber kündigen, weil sie nicht mehr wissen, was sie überhaupt in meiner Abteilung sollen, dann hat sich auch diese Aufgabe von selbst erledigt.

Der Spielplan beschäftigt sich mit genau diesem Kästchen „wichtig und noch nicht dringlich“. Die dringlichen Aufgaben brauchen wir nicht extra festzuhalten. Die kommen uns automatisch entgegen und üben genug Druck auf uns aus, daß wir sie auch tatsächlich erledigen. Die Aufgaben zu definieren und in unseren Spielplan einzubauen, die keinen Druck ausüben, weil sie noch nicht dringlich sind, ist hier das Thema.

Als weiteren Punkt müssen wir nun diese wichtigen Aufgaben in meßbare Ziele aufteilen. Das können zunächst die Unterziele der langfristigen Ziele sein, die wir ja schon aufgelistet haben. Welche dieser Ziele kann ich und will ich in diesem Jahr angehen? Welche Aktionen sind in diesem Jahr wichtig? Es können auch sogenannte „Gewohnheitsziele“ sein, die mir helfen sollen, die wichtigen Dinge aus den verschiedenen Lebensbereichen mit einer gesunden Regelmäßigkeit anzugehen.

Warum sollten wir „Gewohnheitsziele“ haben? Gewohnheitsziele sind die Dinge, die ich, wie schon genannt, regelmäßig tun sollte. Aus dem Bereich der Familie kann das z. B. sein, daß ich sage: „Ich will in diesem Jahr zweimal in der Woche einen ‚Ehe-Abend‘ haben, an dem meine Frau und ich einmal gemeinsam Sport machen und den anderen Abend gemütlich gestalten. Weiterhin will ich ihr einmal in der Woche ein kleines Geschenk machen und zwei Wochenenden alleine mit ihr verreisen. Außerdem will ich einmal im Monat mit meiner Frau schick ausgehen, ins Theater, ins Kino oder in ein edles Restaurant.“

Für die Kinder: „Ich will mit jedem meiner Kinder einmal in der Woche gesondert Zeit verbringen (ca. eine halbe Stunde). Ich will einmal im Monat eine längere Zeit mit jedem Kind verbringen (zwei bis drei Stunden).“

Einer meiner Freunde brachte mich auf diese Idee. Er erzählte mit, daß er das schon vor 15 Jahren so gemacht hat. Heute kann ich sehen, wie gut das Verhältnis zu seinen Kindern ist, wie er Vertrauen und eine beständige Beziehung zu ihnen aufgebaut hat. Dies hat ihnen geholfen, als sie durch die Pubertät gingen, und hat die Vater-Sohn- und Vater-Tochter-Beziehung durch alle Stürme hindurch bewahrt.

Auch im Beruf kann ich solche Ziele formulieren: „Ich werde in diesem Jahr mit diesen Mitarbeitern je drei Mitarbeitergespräche vereinbaren." Oder: „Ich werde meine Arbeit einmal im Monat überdenken, Schwachpunkte definieren, Verbesserungsvorschläge erarbeiten und ein Monatsziel für die Verbesserung definieren."

Was ist der Nutzen von Gewohnheitszielen?

1. Gewohnheitsziele schützen Beziehungen,

2. Sie helfen gegen „Aufschieberitis",

3. Sie schützen uns vor dem Chaos aus der Innen- und Umwelt.

Die Flut an äußeren Informationen, die uns berieselt und ablenkt, sowie die Menge der inneren Gedanken und unkontrollierten Wunschvorstellungen verhindern häufig, daß wir unsere Aufgaben mit scharfem Bewußtsein und klarer Verantwortungsübernahme erfüllen. Gewohnheitsziele helfen uns, die Dinge immer wieder auf den Punkt zu bringen und wöchentlich zu kontrollieren, was eigentlich wichtig ist.

4. Gewohnheitsziele helfen uns, zu agieren statt nur zu reagieren. Wenn wir zurückdenken an die Art der Lebensplanung, in der wir sowohl unser Leben lang lernen als auch arbeiten und spielen, dann lohnt es sich, durch die Gewohnheitsziele einen Weg zu finden, all diese Dinge miteinander zu kombinieren und so über das Jahr zu verteilen, daß keines der Dinge zu kurz kommt.

5. Ich kann durch Gewohnheitsziele eine Verhaltensänderung einüben. Viele schlechte Gewohnheiten kann ich nur loswerden, indem ich ihnen gute Gewohnheiten gegenüberstelle. Durch ständige Wiederholung trainiere ich diese neuen Gewohnheiten und mache sie so zu einer gesunden Selbstverständlichkeit. Als Holländer mache ich bis heute noch Fehler in der deutschen Grammatik. Eine Deutschlehrerin sagte mir einmal: „Wenn du ein Wort falsch aussprichst, solltest du es 36 Mal hintereinander

richtig aussprechen, damit sich der Weg in dein Gehirn neu ordnen kann und die richtige Aussprache so gespeichert wird, daß es im Unbewußten verankert ist.“ Das hat mir geholfen zu verstehen, daß dies auch bei schlechten Gewohnheiten helfen kann.

> Eine schlechte Gewohnheit, die in meinem Gehirn mit allen Teilschritten verankert ist, kann ich nur loswerden, wenn ich ihr in schöner Regelmäßigkeit eine gute Gewohnheit entgegensetze.

So erstelle ich also meinen Spielplan. Diesen sollte ich einmal im Jahr anhand der vier Lebensbereiche überarbeiten. Dafür reserviere ich mir möglichst eine feste Zeit. Das kann beispielsweise zwischen Weihnachten und Neujahr geschehen.

Ich habe die Erfahrung gemacht, daß der Spielplan insgesamt nicht mehr als zwei Seiten umfassen sollte. Erstens ist es dann leichter, sich auf die wirklich wesentlichen und wichtigen Aufgaben zu konzentrieren, und zweitens kann man anhand dieser wenigen Seiten schnell reflektieren und neue Impulse sammeln.

Als weiterer Punkt ist es wichtig, diesen Spielplan gemeinsam mit Gott zu erstellen. Beziehe deinen Ehepartner ebenfalls mit ein. Hast du keinen Ehepartner, bitte einen Freund, dir zu raten. Natürlich bist du selbst verantwortlich für die verschiedenen Bereiche und mußt du die Vorarbeit selbständig leisten. Aber schon während dieser Vorarbeit, in der du deinen Spielplan erstellst, lohnt es sich, immer wieder Rücksprache zu halten sowohl mit Gott als auch mit dem Partner.

Den Spielplan einmal im Jahr festzulegen bedeutet noch lange nicht, daß ich dies dann auch umsetze und in meine reale Lebensgestaltung einbaue. Dazu sind folgende zwei Arbeitsweisen notwendig:

1. Man sollte sich einmal in der Woche ca. 30 Minuten Zeit nehmen, seinen Wochenplan zu erstellen. Es ist sinnvoll, sich diese Zeit beispielsweise sonntags abends oder zu einer anderen günstigen Zeit während des Wochenendes zu nehmen. Man sollte dann den Spielplan, den Terminkalender und die „To-Do-Liste“ für die nächste Woche vor sich ausbreiten.

Ich beginne dann eine mentale Reise durch meinen Spielplan und gehe jeden einzelnen Bereich durch. Ich lese all die Dinge durch, die ich mir für den Beruf, die Familie, Gemeinde und Freizeit für dieses Jahr vorgenommen habe. Natürlich kann ich in dieser Woche nicht alles tun, was ich dort aufgeschrieben habe, aber ich lasse mich durch den Spielplan und das Gebet inspirieren, was für diese Woche aus all diesen Dingen besonders wichtig ist. Das notiere ich dann sofort auf der „To-Do-Liste“, die ich genauso aufgeteilt habe wie den Spielplan. Auch hier gibt es die Bereiche Beruf, Familie, usw.

Vielleicht setze ich mit Hilfe des Terminkalenders auch bestimmte Termine, die ich in dieser Woche wahrnehmen will. Es ist also wichtig, mir durch den Spielplan einen Leitfaden geben zu lassen für das gesamte Jahr, den ich jede Woche neu betrachte. So kann ich entscheiden, was ich davon in dieser Woche realisieren will.

Dies hat zwei Vorteile. Erstens muß ich mich nicht zu lange im voraus festlegen. Das macht sowieso nur unflexibel. Zweitens kann ich mein Leben jede Woche neu flexibel und schnell gestalten und verliere dabei nicht aus dem Auge, was für das ganze Jahr und die verschiedenen Lebensbereiche wichtig ist.

2. Alle vier Monate einen Kontrolltermin einlegen. Wenn man das macht, dann hat man einmal vor und einmal nach dem Sommer einen Termin, an dem man reflektieren kann, was bisher aus dem diesjährigen Spielplan geworden ist. Welche Projektziele habe ich realisiert und welche nicht? Welche Unterziele der langfristigen Zielsetzungen laufen und welche nicht? Welche Dinge habe ich innerhalb des Berufs, der Familie, Gemeinde und Freizeit wahrgenommen, und welche habe ich vielleicht vernachlässigt? Diese Reflektion kostet normalerweise nicht mehr als eine Stunde. Diese Stunde dient dazu, entweder bestimmte Korrekturen vorzunehmen und/oder festzulegen, worauf ich in den nächsten vier Monaten besonderen Wert legen will. Eine weitere Chance ist, die Ergebnisse meiner eigenen Reflektion meinem Mentor vorlegen zu können, damit er mich dann auch sehr viel konkreter weiter beraten kann, was jetzt sinnvoll ist oder nicht. Was lerne ich dadurch?

Jahres-Spielplan – Beruf

Jahres-Spielplan – Familie

Jahres-Spielplan – Gemeinde

1. Ich lerne, selbst Verantwortung für meine Lebensgestaltung zu übernehmen. Selbstverantwortung kann ich nur dann wahrnehmen, wenn ich die freie Wahl habe, mir Ziele zu setzen. Nur dann kann ich ja auch die Verantwortung für sie haben. Der Spielplan hilft mir, diese Ziele zu setzen und mich in deren Umsetzung zu üben.

2. Mein Bewußtsein wird geschärft. Mein Bewußtsein ist das Produkt aus gebündelter Aufmerksamkeit, Konzentration und klarem Denken. Qualität erreicht man nur durch ein trainiertes Bewußtsein.

Manch einer sagt, daß er sich nicht gut konzentrieren kann, daß er eigentlich immer nur das tut, was er nicht tun will. Er beschreibt damit eine Art Opferverhalten. Er sieht sich als Opfer seiner eigenen Unfähigkeit. Wir reden hier aber darüber, wie wir einen Plan entwickeln und unsere bisher noch vorhandene Unfähigkeit durch Training in eine *Fähigkeit* umwandeln wollen.

Der Spielplan hilft daher, unser Bewußtsein in bezug auf den vorhandenen Änderungsbedarf zu schärfen. Wir beobachten uns regelmäßig und stellen uns Fragen, wie z. B.: „Was habe ich mir vorgenommen? Was habe ich davon realisiert? Was habe ich daraus gelernt? Wie werde ich jetzt weitermachen?“

Der Leistungsplan

„Laßt uns mit Ausdauer in dem Wettkampf laufen, der uns aufgetragen ist.“ (Hebräerbrief, Kapitel 12, Vers 1)

Wirkliche Leistung geht über das hinaus, was von einem erwartet wird. Sie ist die Demonstration und Entfaltung des gesamten eigenen Potentials, was die Übernahme vollständiger Verantwortung verlangt. Leistung können wir also als eine Übernahme von Selbstverantwortung für die Weiterentwicklung unseres Potentials definieren. Nur zu leisten, was erwartet wird, bringt uns nicht in den Wachstumsprozeß hinein, zu dem wir eigentlich berufen und befähigt sind.

Natürlich stoßen wir immer wieder an Leistungsgrenzen. Es geht hierbei aber auch nicht darum, diese Leistungsgrenzen zu überdehnen, sondern darum, uns selbst auf eine gesunde Art und Weise zu fordern, damit wir uns weiterentwickeln.

Am einfachsten ist das natürlich anhand des Trainings von Muskeln zu verdeutlichen. Wenn wir nur die Leistung bringen, die wir gerade noch schaffen, dann entwickeln sich unsere Muskeln nicht weiter, sondern bilden sich sogar im Gegenteil eher zurück. Bringen wir aber etwas mehr Leistung als erwartet, beispielsweise durch Krafttraining, müssen unsere Muskeln stärker arbeiten, um sich mit Sauerstoff zu versorgen. Dadurch fangen sie an zu wachsen. Häufig geht so ein Kräftetraining auch einher mit – allerdings eher geringen – Schmerzen, da die Muskeln es nicht gewohnt sind, über ein bestimmtes Level hinauszugehen.

Es gibt zwei Bereiche, die in unserem Leistungsplan eingebaut werden sollten:

1. Lernziele,
2. Fitnessziele.

Auch für den Leistungsplan gilt, daß du nur ein DIN-A4-Blatt mit Leistungs- und Fitnesszielen aufstellen solltest.

1. Lernziele. Mit dem folgenden Diagramm haben wir eine Übersicht über die fünf wichtigsten Kompetenzbereiche geschaffen, die man weiterentwickeln kann – wenn man will!

Ganz links sind diese Bereiche aufgelistet: Fachkompetenz, soziale Kompetenz, kommunikative Kompetenz, Führungskompetenz und strategische Kompetenz mit jeweils zugehörigen Unterpunkten, die wir bewerten wollen. Im Bereich Fachkompetenz ist das Kästchen leer geblieben, da dieses, je nach dem, welche Stelle man innehat oder welche Aufgaben man wahrnimmt, für jeden anders auszufüllen ist.

Mit Hilfe der Skala neben den einzelnen Themen kannst du dich nun selbst in bezug auf deine Kompetenz einschätzen. Die Kategorien gehen von sehr stark über durchschnittlich und schwach zu sehr schwach. Besonders interessant wird es, wenn man dies einmal für sich selbst macht und danach den eigenen Mentor bittet, diese Übersicht für einen auszufüllen. Man kann natürlich auch den Vorgesetzten im Beruf oder den Ehepartner

Kompetenzen	Themen	sehr schwach	schwach	durchschnittlich	stark	sehr stark	Fördermaßnahme
Fachkompetenz							
Soziale Kompetenz	Selbstverständnis Zeitmanagement Teamfähigkeit Charakterreife Anstandskompetenz						
Kommunikative Kompetenz	Präsentation Rhetorik Moderation Verkauf Kundendienst						
Führungskompetenz	Mitarbeiter gewinnen Führungsstil Mitarbeiter führen Delegieren Mitarbeitergespräch führen						
Strategische Kompetenz	Strategische Entwicklung Finanzplanung Marketing-Konzepte Organisationsentwicklung Transitionmanagement Personalentwicklung						

nehmen. Auf jeden Fall sollte man jemanden bitten, der einen gut bis sehr gut kennt und die aktuelle Situation einschätzen kann.

Nachdem man beide Bewertungen vorliegen hat, setzt man sich zusammen, um sie zu vergleichen. Es lohnt sich dann, anhand dieses Gesprächs Fördermaßnahmen zu formulieren, was du in welcher Weise trainieren oder lernen willst. Solche Maßnahmen können Bücher betreffen, die du lesen willst (und anschließend zum besseren Einprägen zusammenfassen solltest), Seminare, die besucht werden sollen, Gewohnheiten, die du in diesem Bereich einstudierst, Fachzeitschriften, die du regelmäßig liest, Experten-Gespräche mit Menschen, die in diesem Bereich sehr weit sind usw.

Wie beim Spielplan ist es auch hier wieder wichtig, daß die Fördermaßnahmen so konkret wie möglich werden, nämlich meßbar in Zeit, Ergebnis und Kosten. Aus diesen Überlegungen kannst du dann deinen persönlichen Aus- und Weiterbildungsplan für dieses Jahr aufstellen.

2. Fitnessziele: Wir haben ja bereits unter 3.5 und 3.6 unseren Gehirn- und Körper-Fitnessplan erstellt, die jährlich zu überarbeiten sind und in unseren Leistungsplan gehören.

Der Leistungsplan besteht also aus

1. der Übersicht über Fördermaßnahmen und Lernziele
2. Gehirn-Fitness-Zielen
3. Körper-Fitness-Zielen.

Diese drei Seiten nehme ich mir einmal im Monat vor. Außerdem reflektiere ich meinen Leistungsplan – genauso wie den Spielplan – wöchentlich, ergänze ihn und entnehme hieraus Informationen für meine To-Do-Liste und den Terminplaner.

Als Erinnerung und zur Verstärkung der genannten Punkte sei noch einmal der Ausspruch von Roger von Oech wiederholt:

„Nichts in der Welt kann Hartnäckigkeit ersetzen. Talent wird es nicht können, nichts ist verbreiteter als erfolglose Menschen mit Talent. Genialität wird es nicht können. Das verkannte Genie ist schon fast sprichwörtlich. Bildung wird es nicht können. Die Welt ist voll von gebildeten Versagern. Hartnäckigkeit und Zielstrebigkeit sind notwendig zum Erfolg."

Selbstmotivation

„Trachtet allezeit danach, Gutes zu tun aneinander und jedermann. Seid allezeit fröhlich, betet ohne Unterlaß, seid in allem dankbar, denn das ist der Wille Gottes in Christus Jesus für euch."
(1. Thess. 5,15)

Einmal kam ich von einem sehr anstregenden Seminar zurück. Müde und ausgelaugt saß ich im Zug und hatte absolut keine Lust, etwas zu lesen oder etwas anderes zu tun. Ich war einfach k. o. Dann sah ich eine Frauenzeitschrift, die irgend jemand dort liegen gelassen hatte. Eine der Überschriften auf der Titelseite lautete: „Die 8-Tage-Bikini-Diät". Da sah ich meinen eigenen Bauch an und dachte mir. „Ich trage zwar keine Bikinis, aber das ist trotzdem etwas für mich: In acht Tagen fit für den Sommer!" So nahm ich die Zeitung zur Hand, las sie schmunzelnd durch und dachte mir: „Was soll dabei schon Gutes herauskommen?!" Interessant war aber, daß es sich hier nicht nur um die Beschreibung einer Diät handelte. Für jeden Tag wurden neben den gesunden Mahlzeiten auch körperliche Trainingseinheiten und eine „Belohnungseinheit" angegeben. Bei diesem dritten Punkt bin ich hängengeblieben.

Ich fragte mich, warum wir diesen dritten Punkt wohl meistens außer acht lassen. Wir versuchen stärker, schneller und leistungsfähiger zu werden, wir trainieren uns selbst und merken dann, daß wir an unsere Grenzen stoßen – vor allem an Motivationsgrenzen. Frustriert hören wir dann wieder auf und machen wie gewohnt weiter.

Ich persönlich glaube, daß wir Menschen nicht dazu gemacht sind, nur zu leisten, sondern insbesondere auch dazu, zu feiern, zu genießen und zu schenken. Dieser letzte Schritt der Frage: „Wie trainiere ich mich selbst?" beinhaltet daher ganz konkrete Vorschläge, wie du auch in dem Bereich „Feiern – Genießen – Beschenken" verantwortlich leben kannst.

„Ich will den Herrn mit allen meinen Kräften loben und nie das Gute und die große Zahl von seinen Liebeszeichen je vergessen.“
(Psalm 103)

Feiern ist im Grunde nichts anderes als darüber nachzudenken, welche Liebeszeichen Gottes in meiner Vergangenheit und in meinem Heute zu erkennen sind. Der Mensch, der nicht mehr die kleinen, ja nicht einmal die großen Liebesbeweise Gottes bemerkt, verarmt auf eine sehr dramatische Art und Weise. Der Schlüssel zum Erkennen dieser Liebesbeweise liegt für mich in dem Thema Dankbarkeit verborgen.

Dankbarkeit ist für mich die intelligenteste Form der Kommunikation, denn durch Dankbarkeit erkenne ich an, was wahr ist – vor allem in bezug auf Gott, seinen Charakter und sein Handeln mir gegenüber.

Dankbarkeit lernen wir voneinander, indem wir uns diese gegenseitig zum Ausdruck bringen. Es ist eine Sache des Nehmens und Gebens. Man muß Dankbarkeit empfinden und ausdrücken, aber auch annehmen und genießen können. Eine Familie, eine Gemeinschaft, eine Organisation, in der Dankbarkeit zu einem festen Bestandteil der Kultur geworden ist, ist ein Platz, in dem man leben und das Leben in Fülle genießen kann.

Dazu gehören folgende Unterpunkte:

Ehren: Gott hat uns Menschen mit Würde geschaffen. Diese Würde erhält er, indem er uns mit Respekt und Ehre begegnet. Das ist auch die Art und Weise, wie sich Menschen untereinander begegnen sollten. Wenn wir aber mit der Mentalität aufwachsen, daß man andere nicht respektieren muß, dann dürfen wir uns nicht wundern, wenn wir auch uns selbst nicht mehr respektieren können. Wer die Würde anderer Menschen nicht zu respektieren lernt, kann auch die eigene Würde nicht schätzen und genießen. Gerade in unserer schnellebigen Zeit, in der wir so wenig Zeit füreinander haben, müssen wir wieder Wege finden, einander zu ehren. Geburtstage sind z. B. eine ideale Möglichkeit dafür. Man kann hier Menschen mit einer Karte, mit einem Geschenk einem Besuch, einem Dankeswort, mit Zeit Ehre erweisen. Damit bringen wir zum Ausdruck, daß diese Person ein Mensch ist, über den man begeistert sein kann. „Ich freue mich daß du heute Geburtstag hast, und das möchte ich gerne mit dir feiern.“

Vor Jahren konnte ich während einer Fernsehshow folgendes beobachten: In den USA wurde der berühmte blinde Jazz-Musiker Ray Charles einen ganzen Abend lang geehrt. Viele Freunde kamen, um auf der Bühne etwas über ihn zu sagen. Es wurden viele Bilder gezeigt, und Ray Charles saß in seiner Loge und war tief berührt. Zum Ende des Abends kam Stevie Wonder auf die Bühne, ebenfalls ein sehr bekannter Musiker – und ebenfalls blind. Er sagte: „Ray, du warst mir immer ein Vorbild. Weil du immer weitergemacht hast, hatte auch ich die Kraft weiterzumachen. Heute bin ich hier, um dir zu sagen, wie dankbar ich dafür bin, wer du bist, wie sehr ich deine Freundschaft schätze und daß ich dich respektiere. Ich habe dir ein Lied geschrieben.“

Und dann sang er ein Lied, das so ausdrucksstark und liebevoll war, daß nicht nur er selbst, Ray Charles und das gesamte Publikum die Tränen nicht zurückhalten konnten. Auch meine Frau und ich selbst saßen gerührt vor dem Fernseher, weil wir so angesprochen waren.

So etwas ist der Ausdruck der göttlichen Sehnsucht danach, Menschen zu ehren. Und wo das geschieht, da ist Gottes Geist in den meisten Fällen gegenwärtig, denn er möchte unsere Würde wiederherstellen.

Rituale: Wir können uns selbst belohnen, indem wir positive Rituale in unser Leben einbauen. Sie helfen uns, immer wieder Anlässe für ein Fest zu finden. Ein solches Ritual ist beispielsweise ein schön gedeckter Frühstückstisch, eine geschmückte Abendbrottafel. Ein Ritual kann sein, das Wochenende als Familie einzuläuten, indem man am Freitag abend gemütlich zusammenkommt, gemeinsam spielt, Spaß hat und die Woche bewußt abschließt, um in das Wochenende hineinzugehen. Solche Rituale entstehen nicht automatisch, sondern müssen von uns begründet und eingeführt werden. Welche Rituale kannst du in dein Leben einführen, damit sie dir helfen, regelmäßig zu feiern?

Deine erfüllten Wünsche zählen: Wenn du zurückschaust, wird es in deinem Leben sicherlich Wünsche geben, die bereits erfüllt wurden. Zähle sie auf, halte sie dir bewußt vor Augen und feiere sie – denn das wird dir helfen, einen Lebensstil der Dankbarkeit aufzubauen.

2. Mit allen Sinnen genießen

„Es ist gar nicht so schwer, das Genießen zu lernen. Das Erfolgsgeheimnis ist ein sehr einfaches: sich voll und ganz auf das zu konzentrieren, was man gerade tut." (Christian A. Schwarz: „Anleitung für christliche Lebenskünstler", C&P-Verlag)

Christian A. Schwarz beschreibt in seinem oben genannten Buch, wie Weinkenner es gelernt haben, wirklich zu genießen. Dies ist etwas, das uns in unserer „Ex und Hopp"-Gesellschaft verloren gegangen ist. Ein Weinkenner geht beim Weintesten in drei Schritten vor, um den Wein mit allen Sinnen genießen zu können: „color", „vapor" und „sapor" (Farbe, Geruch und Geschmack): Der Weinkenner nimmt ein Glas Rotwein und begutachtet zunächst die Farbe, die bei jedem Wein anders ist. Mal ist sie dunkelrot, mal geht sie eher ins Bordeaux oder Bräunliche. Jede dieser Farben hat ihre ganz eigene, faszinierende Ausstrahlung. Der gesamte Mensch stellt sich bei der Betrachtung dieser Farbe, die wohlmöglich auch noch bei Kerzenlicht geschieht, komplett auf das ein, was sonst noch in diesem guten Tropfen stecken mag. Nach einer Weile folgt der zweite Schritt: „vapor". Nun riecht man an dem Wein, nimmt den Duft in seine Nase auf, damit man ein noch tieferes Verständnis darüber gewinnt, wie kostbar und wie einzigartig dieser Wein ist. Dann, zum Schluß, wenn der Weinkenner schon fast dem Delirium verfallen ist, nimmt er einen kleinen Schluck. Wir haben in unserem Mund insgesamt 21 Bereiche, mit denen wir den Geschmack aufnehmen können. Wenn wir, wie der Kenner, nun den Wein nicht einfach schlucken, sondern langsam durch die Mundhöhle wandern lassen, dann schmecken wir ihn in den unterschiedlichen Geschmacksregionen in unterschiedlichen Schattierungen.

Und das ist nur ein simples Glas Wein! Ja, aber dies ist auch eine Möglichkeit, unsere Sinne und unser Bewußtsein ganz neu zu schärfen für die kleinen Liebesbeweise Gottes. So können wir zur Ruhe kommen, genießen und das Leben in seiner Fülle dankbar aufnehmen.

Genießen heißt, im Heute zu leben, nicht nur nach dem Morgen zu haschen, sondern das Hier und Jetzt zu genießen, dankbar aufzunehmen und ebenfalls in Dankbarkeit zurückzugeben. Hierdurch entwickeln wir eine Lebenseinstellung der Wärme und Fülle.

Lebensfülle ist etwas, das wir regelrecht auftanken können und sollen. Im Johannes-Evangelium, Kapitel 10 wird beschrieben wie Jesus sagt, daß der gute Hirte gekommen ist, um uns Arbeit und Arbeit im Überfluß zu geben. Dies könnte in etwa eine mitteleuropäische Übersetzung der Worte sein, die tatsächlich dort stehen, nämlich, daß er gekommen ist, um uns Hoffnung und Leben in Fülle zu geben. Der, der uns sagt, daß wir unser Kreuz auf uns nehmen und uns selbst beiseite stellen sollen, um anderen zu dienen, ist auch derjenige, der sagt, daß er uns Leben in Fülle gibt. Diese beiden Dinge sind für ihn kein Widerspruch, sondern gehören absolut zusammen. Auf der einen Seite haben wir hier die Hingabe, das Beste aus unserem Leben herauszuholen, es voll zu entfalten und uns hinzugeben. Auf der anderen Seite sollen wir das Leben, das uns geschenkt wurde, genießen – und zwar in seiner ganzen Fülle. Wir sollen es zu einem Zuhause machen, in das andere hineinkommen können.

Es gibt hierzu eine phantastische Stelle im Buch Jesaja, Kapitel 58. Hier wird beschrieben, daß wir werden sollen wie ein wohlbewässerter Garten. Wenn ich mir einen wohlbewässerten Garten vorstelle, dann denke ich an einen sonnendurchfluteten Garten mit vielen duftenden Blumen, mit Obstbäumen, mit singenden Vögeln, mit einem Rasen, auf dem eine schöne Holzbank steht, neben der ein kleiner Brunnen plätschert. Das Ganze ist eingetaucht in Geborgenheit und Frieden, in leises, volles Leben. Und dort setzt du dich auf diese Bank; automatisch geht dein Blick nach oben, und du denkst an deinen Schöpfer. Inmitten der Schönheit eines wohlbewässerten Gartens werden wir ganz von allein zu dem Schluß kommen, daß es einen Schöpfer für diese meisterliche Schöpfung gibt.

Wenn wir so sein wollen wie ein wohlbewässerter Garten, dann werden wir zu Menschen, zu denen andere Menschen kommen können, um aufzutanken. Wir werden zu Menschen, in deren Leben andere automatisch die Fülle, die Schönheit und die Farbenpracht der Schöpfung Gottes entdecken und dadurch die Fülle, Wärme und Farbenpracht des Schöpfers selbst.

Genießen: Ein Auftrag Gottes an uns, den wir neu erlernen müssen und neu lernen dürfen!

3. Schenken

„Kleine Geschenke erhalten die Freundschaft", heißt es nicht umsonst. Wenn ich jemandem ein Geschenk mache, dann geschieht eine ganze Reihe von Dingen, die zu diesem Geschenk gehören.

1. Ich muß ein Geschenk bedenken, ich muß eine Idee haben, ich muß darüber nachdenken, was ich für diese Person besorgen könnte.

2. Ich muß mich auf die Suche machen nach einem Geschenk. Ich gehe durch verschiedene Läden, blättere in Katalogen, bis ich gefunden habe, was zu diesem Menschen paßt.

3. Ich kaufe das Geschenk, in das ich schon Zeit und Arbeit investiert habe.

4. Ich packe dieses Geschenk auf eine besondere Art und Weise ein, die meinen Respekt und meine Freundschaft für diese Person ausdrückt.

5. Ich schreibe ein Kärtchen zu diesem Geschenk, erkläre, warum ich gerade dieses schenke und warum ich dankbar bin, daß ich die Person kenne.

Diese fünf Schritte sind alle in dem Endprodukt „Geschenk" enthalten. Wenn ich also ein Geschenk bekomme, realisiere ich mehr oder weniger unbewußt, daß dahinter all diese Schritte stehen – all diese Zeit und Freundschaft, die jemand anderes investiert hat, um mir seine Liebe zu zeigen. Im Grunde bedeutet ein Geschenk also: „Ich habe an dich gedacht." Daher sind Geschenke auch nichts anderes als aktive Liebe.

Nun geht es darum, daß wir lernen, unsere Liebe gegenüber Gott, anderen Menschen und uns selbst auszudrücken. Geschenke sind ein Ausdruck von Liebe. Es ist also auch möglich, *Gott* Geschenke zu machen, vielleicht ein Gedicht, ein Bild, ein Lied, ein Gebet, meine Zeit, meine Aufmerksamkeit, mein Interesse.

Auf diese Weise ist es mir möglich, anderen Geschenke zu machen, zu unterschiedlichsten Anlässen oder einfach nur so, aber immer als Ausdruck meines Interesses und meiner Wertschätzung. So kann ich aber auch mir selbst etwas Gutes tun. Wichtig ist, daß ein Geschenk, das ich an andere, an Gott oder mich selbst gebe, immer auch eine Motivation für mich beinhaltet.

Also: Beim Thema Geschenke können wir eigentlich nichts falsch machen – außer, daß wir sie vergessen!

Für mich persönlich war es ganz wichtig zu lernen, mich selbst zu beschenken, und zwar sowohl bei Erfolgen als auch nach Mißerfolgen. Nach Erfolgen feiere ich einen Abschnitt, den ich abgeschlossen, ein Ziel, das ich erreicht habe, ein Ergebnis, das realisiert wurde. Nach Mißerfolgen feiere ich, daß ich immer noch geliebt, daß ich trotz allem wertvoll und daß ich dennoch ein Mensch bin, über den man begeistert sein kann.

Ein Beispiel: Wenn ich mich selbst beschenke, habe ich viele Möglichkeiten. Eine davon ist ein Modellauto im Maßstab 1:18. Ich liebe solche Modellautos, und ich genieße es, in die Stadt zu gehen, ein Geschäft zu betreten und mich vor die riesige Wand mit Modellautos zu stellen und einfach zu bestaunen, was es da an Schönheit zu sehen gibt. Dann wähle ich das Modell aus, das ich heute kaufen will, nehme es mit, setze mich in ein Café, bestelle mir einen Cappuccino und ein Stück Torte und feiere mein neues Auto. Das regt so manchen anderen Café-Besucher zum Grinsen an. Mir macht das nichts aus, denn ich weiß, daß sie sich wahrscheinlich fragen, warum ich mir etwas schenken kann und sie sich selbst nicht. Dabei hoffe ich dann, daß sie sich sofort entschließen, in den nächsten Laden zu gehen, um sich selbst etwas zu schenken.

Es gibt zum Thema Motivation zwei interessante Listen, die ich dir gerne mitgeben möchte.

DIE „DEPRESS"-LISTE

1. Neid: Wer dauernd mißgünstig auf den beruflichen Erfolg, das gute Aussehen oder das harmonische Familienleben anderer schielt, blockiert seine eigenen Energien und die Fähigkeit, glücklich zu sein.

2. Selbstzweifel: Sich selbst nicht richtig leiden können, ständig an sich herumnörgeln, das macht jedes Glücksempfinden kaputt. Wer sich selbst nicht mag, wird auch von anderen nicht wirklich gemocht, ist einsam und unglücklich.

3. Angst: Wer nie etwas probiert, eine Herausforderung annimmt oder ein Abenteuer wagt, verschenkt viele Chancen und das Glücksgefühl, über sich selbst hinausgewachsen zu sein.

4. Anspruchshaltung: Du hältst den Spatz in der Hand, aber eigentlich hättest du die Taube auf dem Dach verdient, den Super-Job, den Super-Mann, das Super-Auto. Wem der Kopf voller unrealistischer Wunschvorstellungen und unerreichbarer Ideale steckt, dem bleibt natürlich kein Platz für die kleinen Glücksmomente des wirklichen Alltags.

Interessant ist, daß bei dieser „Depress-Liste" der Neid auf Platz Nr. 1 steht. Wie sieht das bei dir aus, wenn du dich ganz ehrlich fragst, was dich so richtig runterzieht?

DIE „HAPPY"-LISTE

Die „Happy"-Liste mußt du selbst erstellen. Sie enthält nämlich kleine Geschenke, die du dir selbst machen kannst, um dich selbst zu motivieren und zu ermutigen. Das könnten Dinge sein, z. B. ein schönes Video zu besorgen und genüßlich anzuschauen, alleine oder mit einem guten Freund. Das kann eine lauschige Badewannenparty nur mit dir selbst und einem guten Buch sein, deine Lieblingsmusik anhören, ohne gestört zu werden, Freunde besuchen, ohne dann über Probleme zu reden, usw. usw.

Trag doch einfach jetzt und hier aus dem Stand heraus zehn solcher Dinge in die folgende Liste ein und erstelle damit deine eigene „Happy"-Liste.

Happy-Liste von . . .

- ❍
- ❍
- ❍
- ❍
- ❍
- ❍
- ❍
- ❍
- ❍
- ❍

Menschen, die es verstehen, zu genießen und zu schenken, sind in der Regel Menschen, die Wärme ausstrahlen, viele Freunde haben und mit denen man bis ins hohe Alter gerne zusammen ist.

Kapitel 6

Wer hilft mir dabei?

Mentoring als neuer und alter Weg

Es gab einmal einen durchschnittlich begabten jungen Mann, der eine Ausbildung in einer Bibelschule absolvierte. Jeden Nachmittag ging er in die benachbarten Moorlandschaften und predigte dort vor den Vögeln, Bäumen, Eidechsen und Fröschen. Eines Tages ging der Direktor der Bibelschule dort spazieren und sah – aber vor allen Dingen *hörte* – diesen jungen Mann predigen.

Nachdem er ihm eine Weile zugehört und sein Talent erkannt hatte, bot er ihm an, einmal gemeinsam mit ihm auf eine Vortragsreise zu gehen. Der junge Mann war natürlich hellauf begeistert. Nach dieser ersten Vortragsreise durfte er mit auf eine zweite und dritte und vierte. Jedesmal gab der Direktor ihm Schritt für Schritt mehr Möglichkeiten, das zu tun, was er wirklich gut konnte: alles zu sagen, was ihm unter den Nägeln brannte.

Dieser junge Mann ist heute ein Predigt-Veteran. Sein Name ist Billy Graham.

Wer kennt den Namen des Bibelschuldirektors? Ich glaube, eher niemand, aber jeder kennt Billy Graham, denn er ist einer der erfolgreichsten und sympathischsten Evangelisten weltweit.

Anhand dieser Geschichte sehen wir deutlich, was ein Mentor für eine andere Person tun und sein kann.

Mentoring als Grundform des Lernens. Der Begriff „Mentor" kommt aus dem Griechischen. Mentor, der erfahrene und ältere Freund Odysseus', übernahm die Erziehung von dessen Sohn Telemachus, als sich Odysseus auf Reisen begab. Er sollte ihn in die Mündigkeit hineinführen. Als Odysseus zurückkam, begegnete er einem Sohn, einem jungen Mann, der durch die Hilfe des Mentors in seinem Potential freigesetzt worden war.

In dieser Person des Mentors sehen wir auch schon die Aufgaben, die Mentoren heute noch haben: Mentoren sind Menschen, die jemand anderen in Lernprozessen begleiten.

Durch die Jahrtausende hindurch war das „Mentoring" die im Grunde einzige Form der Ausbildung, die Menschen in ihren Beruf und ihre Berufung hineinführte. Bei Mose sehen wir schon, wie er Josua begleitete und über mehr als 40 Jahre zu einem Leiter für das Volk Israel ausbildete. Bei Elia und Elisa sehen wir, wie Elia seinem Schüler Vollmacht übertrug, damit dieser seinen Dienst auf einer noch breiteren Ebene ausfüllen konnte als Elia selbst. Nicht zuletzt sehen wir auch bei Jesus, wie er die Jünger schulte und ihnen das Reich Gottes vorlebte und erklärte. Tatsächlich hat Jesus durch seine Jünger die komplette abendländische Kultur geformt, gestaltet und ihr Richtung gegeben.

Bei Paulus sehen wir in eindrucksvoller Weise, wie er sehr genau Bescheid wußte über die Vergangenheit des Timotheus, seine Gaben und Fähigkeiten kannte und wußte, wo Timotheus hinwollte und hinsollte. Daher konnte er ihm helfen, sich weiterzuentwickeln, und ihn in der Entfaltung seines Potentials begleiten.

Auch im weiteren Verlauf der Geschichte sehen wir, daß „Mentoring" die normale Form der Wissensvermittlung darstellte. Um einen Beruf zu erlernen, ging man bei jemanden in die Lehre, der Bescheid wußte. Wollte ein junger Mann Kapitän werden, dann wurde er erstmal Schiffsjunge. Der Kapitän trug dann Sorge für die Ausbildung und brachte dem Jungen alles bei, was er wissen mußte. Wollte man Chirurg werden, dann lernte man von einem Chirurgen, der einen mitnahm und begleitete, bis man an den Punkt gelangt war, an dem man selbst ein vollwertig ausgebildeter Chirurg genannt werden konnte.

Diese Entwicklung entspricht auch einem Grundsatz, den Romano Guardini in dem Büchlein „Die Lebensalter" (Matthias-Grünewald-Verlag 1994) folgendermaßen zusammenfaßte: „Der Mensch prägt zuallererst durch das Sein, zweitens durch sein Handeln und drittens durch sein Reden."

Welche Form der Ausbildung umfaßt diese drei Dinge besser als die Ausbildung durch einen Mentor? In dieser Form ist die Wissensvermittlung nicht losgelöst von der Person dessen, der uns lehrt.

Im letzten Jahrhundert begann sich dieser Grundsatz zu wandeln. Es wurden Hörsäle gebaut, in denen eine große Gruppe von Studenten von einem einzigen Professor lernten. Es wurden immer mehr Bücher zur Verfügung gestellt. So lernten immer mehr Leute, ohne einen wirklichen Bezug zu dem Wissensvermittler zu haben. Bis in das heutige Jahrhundert erleben wir unsere Ausbildung immer mehr in einer sogenannten künstlichen Realität und lernen über Fernuniversitäten, im Internet und in virtuellen Klassenzimmern.

Die Entwicklung, die wir innerhalb des letzten Jahrhunderts durchlaufen haben, ist natürlich nicht nur negativ, sondern hat uns enorme Schritte weitergebracht. Sie hat aber auch eine Lücke gerissen zwischen den Lernenden und den Lehrenden.

Mentoring neu entdeckt. „Der Mitarbeiter der Zukunft wird sehr viel mehr als bisher Verantwortung für ein eigenes Konzept des lebenslangen Lernens tragen. Das Unternehmen wird ihm dabei helfen. Das kann nicht nur durch die dafür zuständigen Abteilungen geschehen. Führungskräfte aller Ebenen werden daran gemessen werden, wie gut sie diesen Prozeß unterstützen. Das erkennt man meist daran, wie häufig einer ihrer Mitarbeiter in Projektgruppen mitarbeitet, höher qualifizierte fachliche Jobs oder weitergehende Führungsverantwortung übernimmt.
Unterstützung der Mitarbeiterförderung ist Chefsache. Mitarbeiterförderung im Sinne des Förderns und Forderns zielt auf die Schwerpunkte: das Lernen lernen. Lernen als Zuwachs an Lernfähigkeit und veränderte Lerneinstellung. Integration von beruflicher und privat-persönlicher Entwicklung. Die Balance zwischen Eigenverantwortung und Gesamtverantwortung des Unternehmens im Rahmen der ganzheitlichen Verantwortungsfelder als neue Dimension des Lernens.“ (Günther Würfele, „Lernende Elite“)

Hier beschreibt jemand das Lernumfeld für Führungskräfte in Europa. Daran merken wir, wie die heutige Gesellschaft auf der Suche nach einem System ist, mit dem man den einzelnen Menschen mit seinem Potential zur Entfaltung bringen und ihn das Lernen lehren kann.

In der Zeitschrift „Elle“ stand folgende Definition für den Mentor:

> „Der Mentor ähnelt einem Vater, der seinen Nachwuchs wohlwollend begleitet, ohne ihn zu bevormunden. Der Mentor ist ein geistiger Sponsor, der das Beste in seinem Schützling zutage bringt. Ein Mentor ist das Beste, was einem jungen Aufsteiger derzeit passieren kann.“ (Rolf Stiefel, Management-Berater und Personalentwicklungsexperte aus St. Gallen)

Robert Clinton, ein Mitarbeiter des Fuller Theological Seminary in Pasadena, Kalifornien, hat mit seinen Studenten über 600 Führungspersönlichkeiten daraufhin untersucht, wie sie ihr Leben gelebt und gestaltet haben. Auffällig war, daß alle 600 Personen in ihrem Leben einen oder sogar mehrere Mentoren gehabt hatten, die ihnen entscheidend in ihrer persönlichen Entwicklung weiterhalfen.

Clinton definiert Mentoring folgendermaßen: „Ein Mentor ist eine Person mit einer dienenden, gebenden und ermutigenden Haltung, der das Potential in einer noch zu entwickelnden Person sieht und diese Person fördert auf dem Weg der Realisierung des vollen Potentials.“

Eine dritte Umschreibung für das Mentoring ist der hawaiianische Begriff „Aloha“. Wenn Hawaiianer sich begrüßen, stellen sie sich sehr nah aneinander, fast Nase zu Nase. Dann sagt der eine zu dem anderen: „Aloha“. „Alo“ = vor jemandem stehen, Gesicht zu Gesicht. „Ha“ ist der Lebenshauch. Aloha bedeutet dann soviel wie: „Ich stehe dir von Angesicht zu Angesicht gegenüber und gebe dir meinen Lebenshauch.“ Die englische Sprache benutzt hierfür das Wort „Empowerment“, d. h. zu deutsch „Bevollmächtigung“. Genau dies ist die Aufgabe eines Mentors. Es ist seine Aufgabe, die Person, die er begleitet und die er das Lernen lehrt, auch zu bevollmächtigen, ihr in die eigene Vollmacht und Berufung hineinzuhelfen.

Mentoring: Die Aufgabe des 21. Jahrhunderts! Aus den bisherigen Beschreibungen für den Mentor kann man folgendes zusammenfassen: Ein Mentor ist jemand, der

1. das Potential einer Person erkennt
2. ihre Berufung entdeckt
3. ein Trainingsprogramm entwickelt
4. Selbstverantwortung trainiert
5. Vollmacht überträgt

Laß uns diese Aufgaben des Mentors mal im einzelnen anschauen, um ein besseres Verständnis davon zu bekommen, welche Art von Menschen wir als Mentoren brauchen, wenn wir durch den „Künstler in dir"-Prozeß hindurchgehen.

1. Potential erkennen: Ein Mentor hat einen Riecher für noch nicht entwickeltes Potential. Wenn er Menschen begegnet, dann „riecht" er, welches Potential in dieser Person steckt, und vor allem ob diese Person lernbegierig ist, bereit ist, beständig das eigene Potential weiter zu entwickeln. Der Mentor sieht bei den unterschiedlichen Menschen immer das Wesentliche.

Ich kann mich noch gut erinnern, wie wir vor mehr als zehn Jahren in der Dortmunder Innenstadt bei einer Informationsveranstaltung der Dortmunder Kirchen auf der Straße standen und niemand so richtig zuhören wollte, was wir zu sagen hatten. Ungefähr 40 Meter weiter saß oben auf einem Brunnen ein ziemlich angetrunkener Borussia-Fan. Der brüllte zwischendurch immer wieder zu uns herüber. Er war dabei so begeistert und lustig, daß das bißchen Aufmerksamkeit der Umstehenden ihm allein gehörte. Nachdem ich mich fürchterlich über diese Person aufgeregt hatte, weil er uns beständig störte und somit abhielt, unseren wichtigen Auftrag wahrzunehmen, wurde mir plötzlich bewußt, was für ein unglaubliches Potential in diesem Mann steckte. Im Grunde wäre er ein sagenhafter Evangelist gewesen! Es war sehr deutlich zu erkennen, daß er selbst im angesäuselten Zustand imstande war, die gesamte Aufmerksamkeit an sich zu reißen und die Menschen mit seiner Art zu begeistern.

Nachdem ich das kapiert hatte, fragte ich ihn, was er zu verschiedenen Fragen zu sagen hätte. Innerhalb kürzester Zeit entwickelte sich ein hochinteressanter Dialog zwischen uns beiden

– über einen Abstand von 30 bis 40 Meter hinweg. Die Leute um uns her konnten gar nicht anders, als uns zuzuhören.

2. Berufung entdecken: Der Mentor hat eine tiefe Sehnsucht, seinem Mentoranten die Fragen zu stellen: „Wo kommst du her? Was steckt in dir? Wo willst du hin?“ Ein Mentor hat nämlich einen gewissen Forscherdrang. Er will entdecken, wo der rote Faden im Leben dieser Person ist und wie er diesen Menschen unterstützen kann, den roten Faden weiterzuentwickeln und das Erbe der Vergangenheit in die Zukunft mit hineinzunehmen. Sein Ziel ist dabei, daß der Mensch zur Entfaltung kommt.

3. Ein Trainingsprogramm entwickeln: Ein Mentor sieht immer die Chance, das Beste einer Person zu entwickeln und nicht nur das Gute zu entfalten. Mit seinem Mentoranten gemeinsam sucht er beständig nach dem vollen Potential und nach Möglichkeiten, wie man im alltäglichen Leben selbständig lernen kann, um dieses Potential zur Entfaltung zu bringen. Normalerweise wird er mit dem Mentoranten zusammen ein Trainingsprogramm entwickeln, das ihm hilft, seine Leistung beständig zu verbessern. Der Mentor sucht meistens nach herausfordernden Jobs, die den Mentoranten über sein normales Maß hinaus kitzeln und motivieren sollen, in Bewegung zu kommen.

4. Selbstverantwortung trainieren: Der Mentor ist der „Coach zum Selbst-Coaching“. Ein guter Mentor wird daher auch hauptsächlich durch Fragen führen. Ein mittelmäßiger Mentor wird seinem Mentoranten genau sagen, was er zu tun hat, wie er sich messen soll, wann er fertig ist und wie er weiterkommt. Ein guter Mentor wird seinen Mentoranten lehren, sich selbst zu reflektieren und daraus neue Schritte zu planen, die er realistischer Weise in der nächsten Zeit gehen kann.

5. Vollmacht übertragen: Ein Mentor sollte jemand sein, der möglichst ein Künstler, mindestens schon Geselle, eher sogar Meister ist. So besitzt er schon Vollmacht und Autorität in seiner eigenen Professionalität. Diese Vollmacht gibt er gerne weiter. Ein echter Mentor hat keine Angst, dadurch etwas von seiner eigenen Autorität zu verlieren. Er schenkt Beziehungen. Er schenkt Respekt, indem er mit Respekt über seinen Mentoranten redet, und er schenkt Anerkennung. Hierdurch setzt er seinen Mentoranten frei und hütet sich, diesen Menschen an sich zu binden. Es ist seine Sehnsucht, den Mentoranten zu unterstützen. Dies will er auf seine Weise tun, die ihn nicht nur gut anfangen und professionell werden, sondern auch das Werk vollenden läßt.

Den passenden Mentor finden

In einer Zeit, in der sich jeder intensiv damit beschäftigt, sein eigenes Leben möglichst optimal zu gestalten, gibt es nur noch sehr wenige Menschen, die bereit sind, Zeit zu investieren, um andere zur Entfaltung zu bringen. Daher ist die Frage berechtigt, wo man einen solchen Unterstützer herbekommt. Eine weitere Frage, die daraus resultiert, ist, welche Art von Mentoren es überhaupt gibt und wer am besten zu mir selbst passen würde.

Fünf verschiedene Mentoren

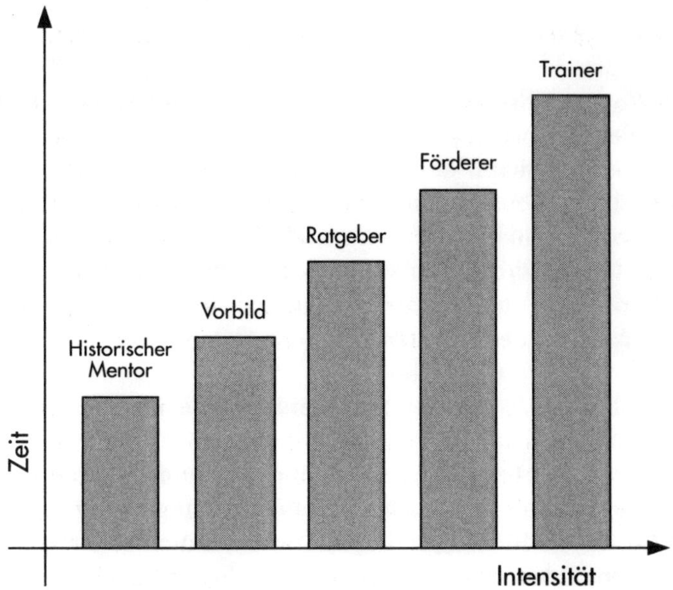

Der Amerikaner Paul Stanley hat ein Buch mit dem Titel „Mentoring“ geschrieben. Hier beschreibt er acht verschiedene Formen der Mentorenschaft. Ich will hier nun fünf Arten von Mentoren vorstellen, die dem europäischen Verständnis am nächsten kommen. Sie sind nach der unterschiedlichen Intensität und dem nötigen Zeitaufwand definiert.

Auf der Achse (siehe oben) kann man gut nachvollziehen, wie das aussieht. Nach rechts werden die Beziehungen immer intensiver. Nach oben werden die Beziehungen immer zeitaufwendiger.

1. Der historische Mentor: Das ist eine Person, die in ihrem Leben eine Berufung ausgelebt und häufig auch vollendet hat, die mich ganz persönlich anspricht. Das ist auch gleichzeitig das Kriterium, anhand dessen ich aus der Fülle der möglichen historischen Mentoren auswählen kann. Welche Menschen sind sinnvolle Vorbilder für mich und daher geeignet, sie näher zu untersuchen?

Als Beispiel möchte ich Nikolaus Ludwig Graf von Zinzendorf nennen, der für mich ein solcher historischer Mentor ist. Dieser Mann hat vor mehr als 250 Jahren die Herrnhuter Brüdergemeine gegründet und sich mit so wichtigen Themen beschäftigt wie das Zusammenleben in neuen Formen, neue Pädagogik-Ansätze, neue wirtschaftliche Modelle, Weltverantwortung und Reformation ganzer Länder. Dabei hat er eine Dienstbereitschaft gezeigt, die ihresgleichen sucht. Als ich vor Jahren zum ersten Mal von diesem Mann hörte, reizte es mich sofort, mehr über ihn zu erfahren. So las ich Bücher über ihn und von ihm und besuchte die verschiedenen Dörfer und Städte, die er in Deutschland, aber auch in England, Dänemark und Amerika aufgebaut hat. Bis heute lerne ich immer wieder neues von diesem Mann und wende es in unserer eigenen stadtmissionarischen Arbeit an.

Welche historischen Vorbilder kennst du, und wer spricht dich besonders an?

Folgende Liste ist sinnvoll. Trage hier in der linken Spalte ein, welche Personen dich besonders angesprochen haben. Rechts daneben solltest du aufschreiben, was du heute von ihnen lernen kannst.

Historische Mentoren

Welche Personen?	Was will und kann ich heute von ihnen lernen?

Vorbilder

Welche Personen?	Was will und kann ich heute von ihnen lernen?

2. Das lebende Vorbild: Hier kann die Beziehung schon etwas intensiver sein, und es besteht die Möglichkeit, auch tatsächlich Zeit mit diesem Menschen zu verbringen. Es kann aber genauso gut sein, daß ich überhaupt keine Zeit mit dieser Person habe. In diesem Fall beobachte ich nur, wie sie lebt und handelt und ihre Berufung vollendet. Für mich gibt es da mehrere Beispiele. Eines davon ist Loren Cunningham, Gründer und Leiter einer weltweiten evangelistischen Bewegung: „Jugend mit einer Mission". Seine Bereitschaft, Risiken einzugehen, Großes zu glauben und kleinen Menschen unter Gottes Führung viel zuzutrauen, hat mich oft motiviert und begeistert.

Weiter ist auf meiner Liste Helmut Kohl zu finden. Er ist für mich ein Beispiel, wie man über längere Zeit und auch über schwierige Perioden hinweg an seiner Aufgabe als Leiter und Richtungsweiser durchhalten, darin mit Würde bestehen und viele andere in ihrer Berufung freisetzen kann.

Interessant ist, daß manche Menschen, die für mich ein Vorbild sind, für andere überhaupt nicht „passen" – und genau das ist auch gut so.

Menschen, von denen ich lerne, haben immer irgendeinen Bezug zu meiner eigenen Begabung, zu meinen Gedanken, meiner Art zu leben und meiner Berufung. Und die ist absolut einzigartig.
Entdecke für dich selbst die Vorbilder, die heute leben, und lerne von ihnen. Das ist eine ungeheure Chance in unserer Zeit!

In der Übersicht auf Seite 185 hast du die Möglichkeit, einige Vorbilder aufzulisten und dahinter zu notieren, was du von ihnen lernen willst.

3. Der Ratgeber: Wir haben schon einige Bibelstellen zum Thema Ratgeber gelesen. Der Ratgeber wird hier als notwendig für einen erfolgreich ausgeführten Plan beschrieben. Genau dies ist die Aufgabe eines Mentors, der als Ratgeber fungiert.

Für mich ist das jemand, der mich in meiner Berufung unterstützt, mit mir über die Richtung nachdenkt, in die ich mich weiterentwickeln kann und soll, der unbequeme Fragen stellt, um

Ratgeber

Welche Ratgeber haben mein Leben bis jetzt beeinflußt?	Was habe ich von ihnen gelernt?	Wie und wann kann ich ihnen für ihren Dienst danken?

Potentielle Förderer

Potentielle Förderer	Was will ich lernen?	Wie kann ich Kontakt aufbauen?

mein Denken in Bewegung zu halten, und der ein starkes Interesse daran hat, mich in der Erreichung meines vollen Potentials und meiner Berufung zu unterstützen. Ein Ratgeber ist jemand, den man vielleicht zwei- oder dreimal im Jahr trifft, um dann einige Stunden miteinander zu verbringen.

Wenn du auf dein bisheriges Leben zurückschaust, wirst du höchstwahrscheinlich feststellen, daß es bereits mehrere solcher Ratgeber gegeben hat, auch, wenn du sie nicht immer als solche erkannt hast.

Daher nun folgende Aufgabe für dich: Wer war in meinem Leben bisher ein Ratgeber für mich? Was habe ich von diesen Menschen gelernt, und wie kann ich ihnen heute meine Dankbarkeit zeigen? Zu sehen, daß es bereits Ratgeber in meinem Leben gab, und ihnen meine Dankbarkeit auszudrücken, ist die Grundvoraussetzung, um neue Ratgeber zu finden. Gleichzeitig entwickle ich dabei eine innere Haltung, die Lernbegierigkeit ausdrückt und die auf die Menschen um mich her abstrahlt und so die „Sensoren" von potentiellen Ratgebern auf mich aufmerksam macht.

Man kann gleichzeitig mehrere Ratgeber haben, die unterschiedliche Bereiche meines Lebens begleiten. Ich kann einen Ratgeber für meine geistliche Entwicklung, für meinen beruflichen Werdegang, für meine Aufgaben als Familienvater oder -mutter oder Verlobte/r haben. Es ist auch durchaus ratsam, sich mehr als einen Ratgeber zu suchen, denn nicht jeder ist ja für alles kompetent.

4. Der Förderer: Der Förderer ist ein Mentor, der mir gegenüber die fünf Schritte, die wir bereits betrachtet haben, *aktiv* ausübt. Er erkennt mein Potential, entdeckt meine Berufung, entwickelt ein Trainingsprogramm, trainiert meine Selbstverantwortung und überträgt mir Vollmacht. Der Förderer ist idealerweise auch Teil der Organisation, in der ich selbst arbeite. Er ist entweder mein direkter Vorgesetzter oder steht sogar ein oder zwei Hierarchiestufen höher. Der Förderer ist immer jemand, der sich von sich aus entscheidet, mich fördern zu wollen. Sicherlich kann ich ihn aber auch bitten, mein Förderer zu sein.

Durch eine Untersuchung der amerikanischen Telefongesellschaft AT&T stellte man fest, daß vier der zwölf internationalen Topmanager während ihrer Laufbahn von ein und demselben Mitarbeiter gefördert worden waren. Als man dann diesen Abteilungsleiter aufsuchte, stellte sich heraus, daß der Mann zahllose mittlere Manager motiviert, gefördert und ausgebildet hatte. Niemand hatte diesen Mann als etwas Besonderes gesehen, und doch war er eine Persönlichkeit, die das Unternehmen maßgeblich mit geprägt hatte. Durch sein Training und Mentoring hat er seine Werte, seine Perspektive, seine Arbeitsweise an viele Führungskräfte weitervermittelt – und das bis in die Spitze der Organisation. Dieser Mann sagte von sich selbst, daß er eine Sehnsucht danach hatte, junge Menschen zur Entfaltung ihres Potentials zu bringen und sie so zu fördern, daß sie sogar weit über sein eigenes Potential hinauswachsen konnten (aus: Robert Greenleaf: „The Servant as Religious Leader").

Hier sieht man also nichts von Zurückhaltung, keine Angst, die eigene Position zu schwächen, sondern Großzügigkeit, Intensität und Opferbereitschaft. Interessant war auch, daß dieser Mann nicht einfach jeden Mitarbeiter gleich förderte, sondern sehr wohl selektierte. Als Hauptmerkmal für die Auswahl nannte er die Lernbegierigkeit, die er bei seinen Mitarbeitern in unterschiedlicher Intensität bemerkte.

Der Förderer ist eine Person, mit der man sich mindestens drei- bis sechsmal pro Jahr treffen sollte, um an der eigenen Weiterentwicklung zu arbeiten.

Die Grafik auf S. 187 fordert dich heraus, potentielle Förderer in Beruf, Familie, Gemeinde oder Freizeit zu entdecken und zu überlegen, wie du und ob du sie eventuell in Anspruch nehmen kannst.

5. Der Trainer: Dies ist die zeitaufwendigste und intensivste Form des Mentoring. Der Mentor ist selbst Profi in seinem Fach. Daher kann er diese Professionalität auch bei anderen heranbilden. Er kann aber nicht nur die Bereiche trainieren, in denen er selbst gut ist, sondern er besitzt zudem die Fähigkeit, grundsätzlich ein Ausbilder von Professionalität zu sein. Ein jüdisches Sprichwort besagt: „Was ist besser, als eine Sache 100mal zu üben?" Die Antwort lautet dann offensichtlich und selbstverständlich: „Eine Sache 101mal zu üben."

Übung – Übung – Übung. Wir haben dies schon bei dem Prozeß gesehen, wie ein Mensch vom Lehrling zum Künstler werden kann. Der Schlüssel ist immer Begabung, die mit Übung kombiniert wird. Hinzu kommt die Begleitung durch einen Trainer, der das Beste aus uns herausholt. Ein Trainer ist jemand, der meistens mit dir zusammen arbeitet, entweder innerhalb der Organisation oder Firma oder indem er außerhalb der Organisation für dich da ist. Das Ziel ist hier die optimale Ausübung der fünf Schritte des Mentorprozesses. Die Aufgabe des Mentors ist es, den Mentoranten in seine Begabung und Berufung, in seine Professionalität hineinzuführen.

Du kannst dir sicher vorstellen, daß es nicht sehr leicht ist, einen solchen Mentor zu finden. Man muß auch bei sich selbst erst einmal die Fähigkeit und die Bereitschaft ausbilden, von einem anderen Menschen zu lernen. Daher rate ich dir, daß du erst einmal damit anfängst, das Lernen neu zu lernen. Der erste Schritt ist, sich zunächst einen historischen Mentor und ein Vorbild zu suchen. Dann schaust du dir einen Ratgeber aus.

Ich selbst habe die Erfahrung gemacht, daß bei mir die Fähigkeit wuchs, von anderen zu lernen, wenn ich dies intensiv verfolgt habe. So wurden meine Signale der Lernbegierigkeit immer stärker. Offensichtlich haben dann Menschen, die für mich zum Trainer wurden, diese Botschaften aufgefangen und angenommen.

Dieser Gedanke führt uns gleich zu der nächsten Frage, nämlich, wie man so einen Mentor oder Ratgeber finden kann. Folgende sechs Schritte helfen hier weiter.

1. Beschreibe die Fähigkeiten, die du ausbauen willst. Schreibe auf ein DIN-A4-Blatt genau auf, welche Fähigkeiten du in welcher Weise trainieren möchtest und was du selbst dazu beitragen willst.

2. Formuliere deine Erwartungen. Schreibe ganz genau auf, was du lernen willst, wie du das lernen willst, wie häufig du einen Mentor um Rat bitten möchtest und was du an Input von ihm erwartest. Dies sollte möglichst nicht mehr als eine DIN-

A4-Seite umfassen. So bleibt es klar verständlich und ist sauber auf den Punkt gebracht.

3. Gebet. Gebet ist keine fromme Soße über einem menschlichen Konzept. Es ist die sinnvollste Art und Weise, sich auf die Suche nach den Mentoren zu machen, die mir helfen können, dorthin zu kommen, wo Gott mich haben möchte – zur Entfaltung! Wenn ich beginne, dafür zu beten, daß ich mit den richtigen Leuten in Kontakt komme, daß ich die richtigen Bücher lese, die richtige Information bekomme, zur richtigen Zeit am richtigen Ort auf die richtige Person treffe, dann schaffe ich damit Raum in meinem Geist, in meinem Leben, aber auch um mich herum, genau in die Position zu kommen, in der ich sein muß, um diesen passenden Mentor zu finden.

Wenn es wahr ist, daß die interessanteste und intelligenteste Person des Universums begeistert ist über mich und Interesse an mir hat, dann wird es auch für sie kein Problem sein, mich mit den geeigneten Menschen zusammenzubringen, um mich weiterentwickeln zu können.

4. Öffne deine Augen und sende Signale. Nun ist es notwendig, daß du dich umschaust. Welche Menschen gab es in der Vergangenheit, welche gibt es heute? Welche Möglichkeiten gibt es, von wem könnte ich etwas lernen? Sende dann auch Signale an diese Menschen, von denen du lernen willst. Ein echter Mentor hat einen sensiblen Empfänger, genau diese lernbegierigen Signale aufzufangen.

5. Beschreibe, was du für den Mentor tun willst. Eine gute Lernbeziehung ist immer ein Dialog und eine Verbindung, die auf Gegenseitigkeit beruht. Es gibt viele kleine und manchmal auch große Dinge, die du für die Person tun kannst, die in dein Leben investiert. Den Männern oder Frauen, die ein idealer Mentor für mich wären, kann ich vielleicht helfen, indem ich auf ihre Kinder aufpasse oder regelmäßig für sie bete oder sie finanziell unterstütze oder was immer dir einfällt.

6. Sprich die Person an und kläre die Erwartung. Ein Mentor hat typischerweise wenig Zeit, denn es gibt ja leider nicht viele

Menschen, die die klare Aufgabe haben, andere zu fördern. Wenn du also mit einem solchen Menschen sozusagen „ins Geschäft kommen“ willst, dann mußt du ihm zeigen, daß du effektiv lernen willst und daher so wenig Zeit wie möglich, aber doch so viel wie nötig mit ihm haben willst. Daher lohnt es sich, die Erwartungen vorab zu klären, sie schriftlich festzulegen und die Person nicht mit einem immens hohen Zeitaufwand zu überfordern. Wichtig ist auch, die Absprache erst einmal auf ein Jahr, maximal auf zwei Jahre, zu begrenzen.

Abschließend vielleicht noch folgender Gedanke: Wenn du überzeugt bist, daß dein Leben für Gott und andere Menschen eine besondere Bedeutung hat, wenn du auf dem Weg durch den „Künstler-in-dir“-Prozeß etwas mitbekommen hast von der Begeisterung Gottes über dich und wenn du diese Begeisterung auch formulieren kannst, dann wirst du auch die entsprechenden Mentoren und Ratgeber finden, die dich in der Weiterführung dieses Prozesses unterstützen werden.

Wie fange ich an?

„Man muß eine ganze Weile mit offenem Mund dastehen, bis einem eine gebratene Ente hineinfliegt!“ (chin. Sprichwort)

„Der-Künstler-in-dir“-Prozeß ist ein Lernprozeß, den du alle drei Jahre neu durchgehen kannst, um dein Leben mit einer immer klarer werdenden Perspektive gestalten zu können. Der Schlüssel zum Erfolg liegt in einigen wenigen Dingen, die ich hier noch einmal aufführe und die dir bekannt vorkommen werden:

1. Die intelligenteste und interessanteste Person des gesamten Universums, Gott selbst, ist hochmotiviert, dich auf diese Entdeckungsreise zu begleiten.
2. Sein Wort, die Bibel, sein Sohn Jesus Christus und sein „Mentor“, der Heilige Geist, sind die Nr. 1-Ratgeber für dich.
3. Fang an! Möglichst noch diese Woche, und nutze hierzu das folgende und abschließende Hilfsmittel.

Die 15-Punkte-Checkliste

- ❍ Familiäres Erbe komplett untersucht
- ❍ „Reden-Gottes"-Notizbuch angelegt
- ❍ Fähigkeitsworkshop geschafft
- ❍ DISG-Persönlichkeitsprofil erstellt
- ❍ Vision „Beruf" beschrieben und gemalt
- ❍ Vision „Familie" beschrieben und gemalt
- ❍ Vision „Gemeinde" beschrieben und gemalt
- ❍ Vision „Freitzeit" beschrieben und gemalt
- ❍ Spielplan für Beruf, Familie, Gemeinde
- ❍ und Freizeit ausgearbeitet
- ❍ Brain-Fitness-Plan erstellt
- ❍ Body-Fitness-Plan erstellt
- ❍ Wunschliste gemacht
- ❍ Historischen Mentor gefunden
- ❍ Vorbild-Mentor gefunden
- ❍ Ratgeber-Mentor gefunden

Auf ein letztes Wort!

Lohnt sich denn dieser ganze Aufwand?

Glaub mir, er lohnt sich!

Die Zeit, die du hier investiert, wird dir unendlich viel nützen. Du gestaltest dein Leben aktiv und verhinderst so, von äußeren Zwängen gelebt zu werden.

Mach deine kostbare Zeit zu einen Geschenk für dich, für andere Menschen und für die interessanteste und intelligenteste Person des gesamten Universums.

Ich wünsche dir viel Spaß dabei.

Anhang

Was ist das Power Management Team (PMT)?

- Wir wollen Menschen und Organisationen dabei unterstützen,
  - ihre Vision zu definieren
  - ihre Kernkompetenzen zu entfalten
  - ihren Auftrag zu realisieren

- Seit 1987 haben bisher über 7.500 Teilnehmer unsere Seminare besucht

- Unsere Kompetenzen liegen in den Bereichen
  - Training
  - Beratung
  - Assessment (Verschiedene Potential-Analyse-Instrumente)

- Unsere Seminarthemen:
  - Planung & Organisation
  - Mitarbeiterführung
  - Teamtraining
  - Mentorschulung
  - Berufungs-Analyse-Intensiv-Seminar
  - Zeitmanagement
  - Persönlichkeits-Profil-System-Seminar (DISG)
  - Trainerlizenzierung für das DISG-Profil
  - Rhetorik & Präsentation
  - Strategieentwicklung
  - Organisationsentwicklung
  - Verkaufstraining / Kundendienst

Anschrift:
Power Management Team e.V.
Ernst-Mehlich-Str. 6 · 44141 Dortmund
Tel: 02 31-52 88 82· Fax: 02 31-52 88 30
PowerManagement@t-online.de

Das Berufungs-Analyse-Intensiv-Seminar (BAIS)

Menschen, die sich beruflich in Entscheidungsphasen befinden und die eigene Weiterbildung anhand der eigenen Stärken, Schwächen, Möglichkeiten und Gefahren optimieren wollen, besuchen unser Berufungs-Analyse-Intensiv-Seminar.

Die Inhalte:

- Einleitung mit einer Übersicht der Lebensentwicklungsphasen als erste Standortbestimmung
- Geschichtsanalyse mit Hilfe des familiären Erbes, der Lebenskurve, der beruflichen Entwicklung und dem Reden Gottes
- Potentialanalyse über D.I.S.G.-Profil, PMT-Fähigkeitsworkshop, Werteprofil, SOI-Denkstrukturen-Test, Wunschanalyse
- Visionsdefinition anhand der erarbeiteten Ergebnisse für die Bereiche Beruf, Familie, Gemeinde, Freizeit
- Lang- und mittelfristige Zielsetzungen anhand der Vision
- Erstellung eines Förderprogramms für die nächsten zwölf Monate
- Grundsätze der Mentorship und wie man geeignete Mentoren für sein Leben finden und entsprechende Beziehungen aufbauen kann

Die Methoden:

- Selbständiges Erarbeiten mehrerer Workshops und Tests vorab zu Hause
- Teilnahme an dem vierstündigen Denkstrukturen-Test (SOI), durch dessen Ergebnisse du lernst, deine Stärken, Schwächen sowie dein Entwicklungspotential in den 14 wichtigsten Denkarten einzuschätzen
- Sieben Einzel-Beratungsgespräche mit einem Berater von PMT während des viertägigen Seminars

Die Dienstleistung:

- Vier Tage Trainingsprogramm
- Verschiedene Analyse-Instrumente
- Persönliche Beratungsgespräche
- Mentorworkbook
- Ausführliche Seminarunterlagen
- Vollverpflegung
- Ein Jahr lang telefonische bzw. schriftliche Rückfrage-Möglichkeit an den PMT-Berater

Anmeldung über:
Power Management Team e. V.
Ernst-Mehlich-Str. 6 · 44141 Dortmund
Tel: 02 31-52 88 82 · Fax: 02 31-52 88 30
E-mail: PowerManagement@t-online.de

Literaturtips und Adressen

Guardini, Romano: *Die Lebensalter,* Matthias Grünewald-Verlag, Mainz, 6. Taschenbuchauflage 1994
Kunhardt, Gert von: *Keine Zeit und trotzdem fit,* Brendow-Verlag, Moers 1993
Littauer Florence: *Einfach typisch! Die vier Temperamente unter der Lupe,* Schulte & Gerth, 6. Auflage 1996
Marston, William M.: *Emotions of Normal People,* Minneapolis 1987
Parrott, Les: *Einfach nervig! Vom Umgang mit anstrengenden Mitmenschen,* Schulte & Gerth 1997
Stanley, Paul & J. Robert Clinton: *Mentoring,* Verlag für kulturbezogenen Gemeindebau, CH-Grenz-Murten, 1994
Tobias, Cynthia Ulrich: *Lernen ist (k)ein Kinderspiel,* Schulte & Gerth 1995

Adressen

Ökumenisches Gemeindeinstitut
(Christian A. Schwarz)
Diedersbüller Str. 6
25924 Emmelsbüll

AGGA (Arbeitsgemeinschaft für Gemeindeaufbau)
Postfach 1108
89537 Giengen

D.I.S.G.-Training
Königsbacher Str. 21
75196 Remchingen